AF190792

NÁDOR MAGDA

# Melyik vagyok én?

novum pro

Ez a könyv
e-könyvként
is elérhető

www.novumpublishing.hu

© 2024 novum publishing
2. kiadás

ISBN 978-3-99131-330-4
Lektor: Sósné Karácsonyi Mária
Borítókép: Antal László
Borító, tördelés & nyomda:
novum publishing
Illusztrációk: Antal László

**www.novumpublishing.hu**

**Climate neutral**
Print product
ClimatePartner.com/16547-2201-1002

„Létezik valami, ami valamennyi információ útjába sorompót állít, ami bizonyítékul szolgál minden érvvel szemben, és ami csalhatatlanul a tudatlanság homályos fátylát borítja az emberekre.
A vizsgálódás előtti ítélkezés!"

Herbert Spencer

# Ajánlás

*1909–2016*

Dr. Charlotte Hagena gyermekorvosnő emlékének, aki a kétféleképpen hatékony kezelések ismeretében közel ötven éven keresztül odaadással és rendkívüli emberszeretettel, az átlagot messze meghaladó eredményességgel gyógyított.

# Tartalomjegyzék

# Bevezető

Ki ne szeretné tudni, hogy mit kell tennie abban az esetben, ha egyedül tartózkodik otthon és rosszul érzi magát? Nehezen kap levegőt, nyomást vagy szúrást érez a mellkasában, hirtelen erős fejfájás gyötri, vagy felszökik a láza. A közelünkben tartózkodó vagy velünk élő szüleink, gyermekeink vagy barátaink is kerülhetnek hasonló helyzetbe. Mit lehet tenni, amíg – ha ez szükséges – megérkezik a szakszerű segítség?

Kedves Olvasó!

Ha ön olyan kíváncsisággal és nyitottsággal olvassa ezt a könyvet, mint amilyen felelősségtudattal írtam, akkor sok segítséget kaphat az említett helyzetek kezeléséhez.

Megfigyelte már?

Nem egyformán lélegzünk, nem egyformán alszunk, ülünk, állunk. Táplálkozási igényeink is különbözőek. Testünk hideg–meleg érzékelése sem egyforma. Egyikünk alapvetően fázós típus, másikunk nem kedveli a meleget.

A kisgyermek még pontosan tudja, hogy neki mi a jó. Jelzi is, ha túl meleg a fürdővíz, vagy kiköpi a neki nem tetsző ételt–italt. Ő még nem szakadt el a veleszületett, számára természetes igényektől és érzékelésektől sem.

Figyeljük meg a kisgyermekeket, és próbáljuk meg értelmezni az üzeneteiket akkor is, ha még nem tudnak beszélni. Észre fogjuk venni, hogy nem egyformán reagálnak ugyanarra az ingerre. A langyos fürdővizet az egyik baba a legnagyobb örömmel fogadja, míg a másik sírással jelzi, hogy az ő számára túl hideg a víz. Míg az egyik csecsemő egyszerre nagyobb mennyiségű anyatejet fogyaszt el, addig a másik éppen csak eszik egy keveset, de egy-másfél óra múlva újra jelzi, hogy éhes.

Ahogyan haladnak előre a fejlődés útján, egyre több élethelyzetben érhető tetten a kétféleképpen történő viselkedés és reagálás.

Ekkor jön a szülő, a nagyszülő, majd az óvoda, iskola, végül pedig a társadalmi elvárások és szokások. Így lassanként elfelejtjük, hogy kik voltunk valójában. Hiszen gyakran válunk a szeretettel ránk erőltetett szokások rabjaivá, és észre sem vesszük, hogy közben nem érezzük jól magunkat a bőrünkben.

66 éves vagyok. Az én korosztályomra bizony erélyesen ráparancsoltak annak idején, hogy vegye át a ceruzát a „jó" kezébe, hiszen mindenkinek jobbkezesnek *illett* lennie. Az újszülötteket a hátukra volt kötelező fektetni. Később a napköziben vagy otthon szálegyenesen *kellett* ülni a tanulás ideje alatt, ellenkező esetben lépten-nyomon ránk szóltak.

Ezután következtek a kollégiumi rossz minőségű fekvőhelyek, amelyek tovább keserítették sokunk életét. Vagy kőkemények voltak, vagy hatalmas, kifeküdt mélyedés tátongott a matrac közepén. A tortúra ezzel még nem ért véget.

Torokfájásra, megfázásra mindenkinek meleg, ha lehet, forró citromos teát *kellett* innia. Ha játék vagy sportolás közben megsérült valaki, a fájó testrészt jegelni *kellett,* és kész! Még akkor is, ha ez az illetőnek egyáltalán nem esett jól.

Hosszan sorolhatnám még azokat az „elveket és szabályokat", melyek eredményeként (természetesen nem szándékosan!) későbbi életünkben napvilágra kerülő egészségkárosodásokat okoztak nekünk.

Ezek a szokások és nevelési elvek még ma is éreztetik hatásukat. Szinte apáról fiúra, anyáról a lányára öröklődnek.

Emlékszem még, mennyire megbotránkoztunk azon a sokkal lazább és szabadabb nevelési szemléleten, ami a néha „nyugatról" érkező barátaink, rokonaink viselkedését és szokásait jellemezte.

Amikor Berlinben először láttam egy kéthónaposforma csecsemőt a babakocsiban a hasán feküdni, ugyancsak elcsodálkoztam! A baba békésen aludt, a fiatal szülők pedig jókedvűen csevegtek.

Ha látogatóban vagy vendégségben voltam ottani családoknál, barátoknál, szinte soha nem tapasztaltam azt az egyoldalú és kicsit rugalmatlan nevelési rendszert, ami a mi mindennapjainkra volt jellemző.

„A gyerek teste és lelke olyan, mint a friss beton. Ami ránehezedik, az nyomot hagy benne" – olvastam régebben egy nagyszerű izraeli gyermekpszichológus, Haim Ginott megfogalmazásában.

Hiszen a gyermekekre ráerőltetett vagy rákényszerített szokások később betegséghez vezethetnek. Akár súlyosabb megbetegedésekhez is.

A helyzetet még tovább ronthatja a felnőtt korban mindenre rátelepedő örökös alkalmazkodási kényszer. A KELL egyre jobban átszövi az életünket, a SZERETNÉM pedig fokozatosan kikopik belőle. Fáradtak, kedvetlenek és depressziósak leszünk, ha túl hosszú ideig élünk a saját, természetes belső ritmusunk ellen.

Saját természetes belső ritmus?

*„Nagyon fontos megérteni a test ritmusát. Nem lehet változtatni rajta. Beáll abban a pillanatban, hogy megszületsz.*

*Egyszerűen figyeld a saját ritmusodat. Ha korán ágyba kívánkozol, akkor feküdj le korán, és korán reggel kelj fel. Amint egyszer megérted, milyen időbeosztás illik a ritmusodhoz, legjobb, ha rendszeressé teszed.*

*Ha lehetséges, tedd állandó szokássá. Ha olykor nem lehetséges, az is rendben van, de ne tedd rutinná a rendszertelenséget.*

*Mára sok kutatást végeztek a testritmusról, és úgy tűnik, lehetetlen megváltoztatni.*

*Ez valami olyasmi, ami benne rejlik a sejtekben: a sejtek programozva vannak. Vannak madarak, amelyek elalszanak napnyugtakor. Egyszer ezeket a madarakat szobákba helyezték el és félrevezették*

*őket. Amikor kinn éjszaka volt, a szobában égett a lámpa, és amikor kinn nappal volt, a szobára sötétség borult. A madarak hónapokig éltek ezekben a szobákban. Neurotikusok lettek – egymást gyilkolták, vagy öngyilkosok lettek –, de a test ritmusát nem lehetett megváltoztatni. Elaludtak, amikor nappal volt a szobában, és ébren voltak a sötétben. És nagyon szokatlan volt a testüknek éjszaka ébren maradni. Valami különöset kezdtek érezni, valami furcsát, és ez megviselte a szervezetüket. Ezért egyszerűen kövesd a saját ritmusodat!"*
*(Osho – indiai bölcs, 2002.)*

Igen. A szervezet jelzi, ha nem esik jól neki a túl korai felkelés vagy túl késői lefekvés. Az emésztőrendszer is figyelmeztet minket, ha nehezen birkózik meg egyik-másik elfogyasztott étellel vagy itallal.

Mozgásszerveink is tiltakoznak, ha nem a számukra megfelelő módon terheljük őket.

Ha újra megtanulnánk észrevenni testünk (és lelkünk) jelzéseit, biztosak lehetnénk abban, hogy helyreállna a rend bennünk és körülöttünk egyaránt. Ha tolerálnánk a másik személynek a miénkkel nem egyező igényeit és szokásait, sokkal harmonikusabb és békésebb lehetne mindnyájunk élete.

Ehelyett mit csinálunk?

Megváltoztatjuk a természet rendjét. Létrehozunk nyári időszámítást. Miközben a 24 órás belső ritmus (fény–sötétség) mesterséges megváltoztatása sok esetben alvászavart, emésztési problémákat, akár depressziót is okozhat.

Kit érdekel, hogy az emberiség fele – gyermekek, felnőttek egyaránt – megsínyli, hogy még egy órával korábban kell kelniük, mint eddig? Pedig nagyon sok embernek a „belső órája" későn kelő – későn fekvő ritmusban ketyeg.

Hazai és külföldi statisztikai elemzések azt bizonyítják, hogy körülbelül ötven százalékunknak valódi megterhelést és stresszt jelent az óraátállítás.

Nem lehetne egyszerűen békén hagyni a természet működési ritmusát? Hiszen az ember is a földi élet szerves részét alkotja. Mindig ráfizettünk, ha erőszakkal beleavatkoztunk az ősi rendszer működésébe. Sajnos nem vagyunk hajlandóak megérteni, tudomásul venni az anyaföld jelzéseit, pedig egyre „hangosabban" védekezik. Eddig sosem látott viharok, hurrikánok, áradások és erdőtüzek pusztítják az ember folyamatosan szűkülő életterét. Jégesők és felhőszakadások teszik tönkre a termést, egyre emelkedő élelmiszerárakat generálva. A természeti katasztrófák az egész Földön egyre sűrűbben és egyre fenyegetőbben jelentkeznek. Mi pedig tovább pazaroljuk a vizet, szemetelünk, és kidobjuk a drágán vásárolt, megmaradt ételt. Hová jutottunk? Mi történt az EMBERREL? Pedig a kizsigerelt, tönkretett anyaföld egyre gyakrabban üzen nekünk:

„Nekem rátok nincs, nektek van rám szükségetek!"

Lehet, hogy még nincs késő magunkba szállni, és több alázatot és tiszteletet tanúsítani a természet törvényeivel szemben. Az önzés és a rombolás helyett meg kellene végre értenünk, hogy teljesen eltévedtünk a lényegtelen külsőségek útvesztőiben. Hogy ez igaz, mi sem bizonyítja jobban, mint az anyaföld lepusztított állapota, de az emberi kapcsolatok széthullása, és az ember értékrendjének teljes lenullázódása is ezt tanúsítja. Itt az ideje a felébredésnek!

Újra kellene tanulnunk az önmagunkra és egymásra figyelést, a megértést és az elfogadást. Ha erre nem leszünk készek és képesek, akkor továbbra is egyre gyorsabban haladunk a lejtőn lefelé...

Kedves Olvasó!

Ami engem illet, ahhoz szeretnék hozzájárulni több mint harmincévnyi tapasztalataim közreadásával, hogy legalább egy lépést tehessünk visszafelé, természetes önmagunk irányába. Eleget rohantunk már előre, álljunk meg egy kicsit! No, nem a visszafejlődésre gondolok.

Az élet már csak úgy működik, hogy a tévedéseinkből, hibáinkból csak utólag tudunk tanulni. Hiszen akkor ismerjük fel őket, amikor visszatekintünk az addig megtett útra. A probléma az, hogy csak előrefelé lehet élni. Ezért csúszhatnak be rossz döntések, hibás elképzelések, amikre csak utólag nyerünk rálátást. Szerencsére egyikünk sem tökéletes. Mindnyájan tévedhetünk és hibázhatunk. Csak abban reménykedhetünk, hogy rossz döntéseinkkel nem okozunk túl nagy károkat másoknak, vagy akár önmagunknak.

## Hogyan találkoztam a kétféle légzésritmussal?

A Zeneakadémia ének tanszékén szereztem operaénekesi-énektanári diplomát. (A YouTube-on megtalálható néhány felvételem, ha érdekel valakit.)

Két évig voltam az Operaház magánénekese. Mivel nem voltam senkinek „se rokona, se ismerőse", kevés feladatot kaptam. Csalódott voltam a sok munkával és áldozattal megszerzett friss tudás ki nem használása miatt. Ekkor nagy fordulatot vett az életem: meghívást kaptam egy berlini meghallgatásra. A híres Felsenstein színház, a Komische Oper keresett az új főrendező elképzelésének megfelelő női főszereplőt Mozart: Szöktetés a szerájból című operájához. (Ezt a szerepet itthon a főiskola utolsó évében magyar nyelven már énekeltem.) Harry Kupfer, a világhírű új főrendező a meghallgatás után azonnal szerződést kínált nekem. Először csak erre a szerepre, majd a darab bemutatója után teljes állásra, évekre előre garantált szerepekre hívott. Így kerültem ki az akkori NDK-ba, Berlinbe. Akkor még nem gondoltam volna, hogy át fogom élni a két országrész újraegyesítését is, annak minden zavaros vagy éppen örömteli epizódjával együtt.

A színházban lehetőséget kaptam a folyamatos fejlődésre, hiszen volt olyan évadom, amelyben több szerepet is egyedül, váltótárs nélkül énekeltem. Egyúttal megismerhettem a világ másik oldalát is, annak jó és rossz tulajdonságaival együtt. Tartalmas, aktív, élettel teli időszak volt ez. Ezekben az években a Berlini Staatsoperben és a Bécsi Staatsoperben is több szerepet énekeltem. A kor nagy énekeseitől, karmestereitől tanulhattam, velük együtt állhattam színpadra. Volt lehetőségem közelről megfigyelni, hogy ki hogyan lélegzik, hogyan mozog a színpadon éneklés közben. Ez a téma engem mindig nagyon érdekelt.

Pályám nagyszerűen alakult. Az optimális légzés mélyreható, alapos tanulmányozása természetesen munkám és életem szerves része volt. Mindig mindent kipróbáltam magamon, közben figyeltem testem reakcióira. Egy problémás terhesség és annak következményei azonban gyökeresen megváltoztatták az életemet. Hormonális-testi-lelki összeomlás okán egy időre abba kellett hagynom az éneklést.

Akkoriban ajándékozta nekem egyik amerikai kolléganőm *Dr. Charlotte Hagena: Konstitution und Bipolarität* című könyvét. A kétféleképpen helyes légzésről, a test hideg-meleg zónáiról, valamint a kétféleképpen egészséges testtartásról és táplálkozásról olvashattam benne.

Fontosnak tartom megjegyezni a következőket: a *bipolaritás* szó a XX. században még nem jelentett érzelmi zűrzavart, sem mániás depressziót. Akkor még nem pszichiátriai kórképet jelölt, hanem *ellentétes jellemzőket, kétpólusú rendszert* és sajátságokat takart a bipoláris kifejezés. Úgy, mint aktív–passzív, táguló–szűkülő, vagy dinamikus–statikus...

A bipolaritás kutatói tehát a földi életet szabályozó pólusok rendszerével és értelmezésével foglalkoztak. Mint később kiderült, már évszázadok óta!

Már tanulmányaim idején felfigyeltem arra, hogy nem egyformán állunk, másképpen lélegzünk és énekelünk. Testtartásunk is teljesen különböző. Az a könyv nem csak az addigi megfigyeléseimre adott világos válaszokat, de valós segítséget nyújtott felépülésem útján is.

Azok a hónapok életem talán legnehezebb, egyúttal legfontosabb időszakát is jelentették számomra. Amit addig nem igazán értettem, teljesen új értelmet nyert, és logikus magyarázatot kaptam összegyűlt kérdéseimre. Miért nem egyformán lélegzünk? Miért fázik az egyikünk, és a másik miért nem? Miért kel az egyikünk korán, a másik pedig miért későn?

(Évekkel később egy kedves kínai tanítványom azt mondta: „Az nem véletlen, hogy veled ennek meg kellett történnie! Az a könyv felhívás és útjelző volt a te életedben.)

Ma már tudom, hogy igaza lehetett. Ha nem lettem volna beteg, talán soha nem találkozom azokkal az új ismeretekkel, amelyek gyökeresen átformálták, és teljesen új rendszerbe foglalták addigi gondolkodásomat.

Akkoriban a jénai Schiller klinika foniátriai osztályának orvosai, szakemberei is nagyon sokat segítettek nekem énekhangom és a lelkem gyógyulásában és megerősítésében, amiért örökre hálás leszek nekik!

Felfedezőúton jártam, majd fél év elteltével újra elkezdtem énekelni. Eleinte még bátortalanul, óvatosan, hiszen addig ismeretlen, új érzetekre kellett bíznom a testem és énekhangom működését. Újra tanultam „járni".

Akkoriban készített velem egy beszélgetést Vitray Tamás a Magyar Televízió számára a gyógyulás és újrakezdés nehézségeiről. Itthon az a hír járta, hogy teljesen tönkrementem, elveszítettem a hangomat is. Tamás ezért arra kért, hogy a műsor végén élőben énekeljek el egy-két művet.

Egykori opera tanszaki tanáromat, Patkó Józsefet kérte fel, hogy kísérjen engem zongorán. A felvétel után hosszasan beszélgettünk a tanár úrral, aki ekkor az Operaház munkatársa volt. Arra kért, hogy majd számoljak be arról, amit ezen az ismeretlen úton tapasztalok és tanulok. Nagyon érdekelné őt a kétféleképpen jó légzés, és minden, ami ezzel összefüggésbe hozható.

Ahogyan fokozatosan javult és stabilizálódott a teljesítményem, ezzel párhuzamosan gyűltek a jegyzeteim is a kétféle légzést-életritmust-testtartást illetően. Fiatalabb kollégáim egyre gyakrabban fordultak hozzám tanácsért. Észre sem vettem, elkezdtem tanítani.

Testi-lelki megerősödésem legjobb bizonyítéka, hogy az elkövetkező öt évben tíz főszerepet énekeltem el. Verdi: Luisa Miller című operájának szófiai bemutatóján (1995) a másik szereposztás helyett is én énekeltem a címszerepet.

Végigjártam egy nehéz, kihívásokkal teli utat. Szert lehet-e újra tenni teherbíró, megbízható idegi-fizikai és hangi állapotra?

Igen, lehet. Kitartó, rendszeres munkával, és mélyről fakadó hittel és lelkierővel. A kétféleképpen helyes légzés megismerése és a belőle következő ismeretek pedig hihetetlenül nagy segítséget és egy teljesen új módszert adtak a kezembe. Ez utóbbi nélkül nem sikerült volna!

Egy nagyszerű német szakember nálam sokkal jobban megfogalmazta ezt:

*„A kétféle légzéssel való találkozást életem legnagyobb ajándékának tekintem. Mert megértésre, türelemre és elfogadásra tanított engem."*
Rosina Sonnenschmidt

Tapasztalataimról, ahogyan ígértem, hosszú levélben számoltam be Patkó Józsefnek, aki ekkor már a Zeneakadémia ének tanszékét vezette. Olyan gyorsan még soha senkitől sem kaptam válaszlevelet.

„Magdi, gyere haza tanítani! Erről itthon is tudnia kell mindenkinek!"

Németországtól megkaptam a náluk létező legmagasabb szakmai elismerést: kineveztek Kammersängerinné. A Német Kritikusok Díját több alakításomért is nekem ítélték. Búcsúzásomkor színházam örökös tagjává avattak. Hazajöttem tanítani.

Ezt követően 22 évig tanítottam a Zeneakadémia ének tanszékén. Szívet-lelket beleadtam a magyar és külföldi hallgatók magas színvonalú képzésébe.

A kétféleképpen jó légzés és a belőle következő felismerések adták habilitációm (2003) és doktori disszertációm (2004) témáját is.

Az idei tanévben kértem a nyugdíjazásomat. Szeretnék sokkal több időt és energiát fordítani a hozzám forduló segítséget kérőkre vagy ismereteiket bővíteni szándékozókra. Hiszen mindez nem csak az énekeseknek és zenével foglalkozóknak jelenthet komoly segítséget, de a mindennapi életben is megbízható és hatékony támaszt jelenthet idősnek és fiatalnak egyaránt.

Egyúttal eleget tehetek Patkó tanár úr kívánságának is:

*„Erről itthon is tudnia kell mindenkinek!"*

# A kezdetekről...

Léteznek olyan ismeretek, amelyek évezredek óta újra és újra felbukkantak valahol a világban. Az egyetemes ázsiai kultúrák a gyógyításban és a művészetekben is felhasználták azokat a megfigyeléseket, amelyek a Hold és a Nap földi életre gyakorolt hatásaival foglalkoztak.

(Három dolog nem maradhat sokáig rejtve: a Nap, a Hold, és az Igazság! – állította Buddha.)

A ma emberének sem ismeretlen a Hold és a Nap ciklikus működése. Ezek a kozmikus hatások a földi élet ritmikáját nagymértékben befolyásolják.

Az árapály jelenséget ma már senki sem vitatja. Tudjuk, hogy a Hold tágító hatást gyakorol a Föld vízháztartására. Tudjuk, hogy a felnőtt emberi test 60–65 százalékát is víz alkotja. A születéskor ez a vízmennyiség még 72–75 százalékot tesz ki, ezért a Hold tágító, vagy a Nap szűkítő energiája még erőteljesebb befolyást gyakorolhat az újszülött **légzés**ére, ami a születés pillanatában kezd önállóan működni.

(A test a korral párhuzamosan veszít a kezdeti víztartalomból, a bőr és a nyálkahártyák nedvességtartalma egyre csökken idősebb korunkra.) Ha az előző gondolatmenetet tovább folytatjuk, felmerülhet a kérdés: vajon mit idézhetnek elő ezek a szűkítő vagy tágító energiák az emberi testben?

Kérem, engedjenek meg egy „gyorstalpaló" bemutatást azokról, akiknek köszönhetően ma már nagyon sokat tudunk a bipolaritásról, vagyis az élet kétpólusú működéséről, és a tágító vagy szűkítő hatásokról.

*Franz Anton Mesmer* német orvos, csillagász és pszichológus 1766-ban írott doktori disszertációjában azzal foglalkozik, hogy a Hold és a Nap mozgásával összefüggő árapály jelenségek az emberi testben is lejátszódnak. A Hold ciklikus hatásairól több ismerettel rendelkezünk, a Nap szűkítő, vertikálisan húzó erejével eddig nem foglalkoztunk olyan mélyrehatóan. Azt megfigyeltük, hogy a növények és a gyerekek nyáron nagyobbat nőnek. A Nap szűkítő hatása tehát világosan tetten érhető.

Mesmer szerint a Földet és a rajta élő lényeket mágneses erejű anyag tölti be, ezért hat az emberi testre a Hold vízszintesen tágító és a Nap függőlegesen szűkítő energiája. A Hold tágító energiája a plusz (+) mágneses töltetet kölcsönzi az emberi testnek, míg a Nap szűkítő energiája a mínusz (–) pólust. Az emberi testben tehát mindkettő megtalálható.

Szögezzük le, hogy nem ezotériáról beszélünk, hanem FIZIKAI jelenségekről. Az ezotéria sem idegen kifejezés a mai ember számára. Görög szó, annyit jelent: belső valóság.

Azok az indiai mesterek, akik ma is a légzés művészetével foglalkoznak, holdlégzésről és naplégzésről beszélnek.

A kétféleképpen egészséges légzés lényege az, hogy van, akinél a kilégzés a hangsúlyosabb (naplégzés), és van, akinél a belégzés (holdlégzés).

„Amint tökéletes a légzés, minden más is a helyére kerül. A légzés maga az élet. De az emberek nem törődnek vele, egyáltalán nem figyelnek oda rá. Minden változás, amely be fog következni, a légzésedben végbement változáson át következik majd be" – írja a ma is élő *Osho,* egyike azon tíz embernek Buddha és Gandhi mellett, akik megváltoztatták Indiát.

A tőle származó két idézet a *365 Meditáció az „ITT ÉS MOST" megéléséhez* című, az előadásaiból összeállított könyvből származik. Osho életcélja nem más, mint egyesíteni a Kelet időtlen bölcsességét a Nyugati tudomány és technikák legnagyszerűbb vívmányaival. De jó is lenne!

A fejlődés nem állt meg Mesmernél ezen a kutatási területen sem.

1949-ben megjelent *Typenlehre* – Típustanítás címmel *Erich Wilk* német természetgyógyász könyve, melyben arról ír, hogy ezeket a természeti törvényszerűségeket megismerni és felhasználni a legokosabb dolgok egyike lenne. (Németországban komoly hagyománya van a Naturheilkunde – *Természetes gyógytudomány* elismerésének és tiszteletben tartásának.)

Wilk könyvében leírja, hogy a születés pillanatában domináns tágító (Hold) vagy szűkítő (Nap) hatás meghatározó befolyást gyakorol az egyén egész életére és egészségére. Ezek a születésünkkor minket érő magnetikus hatások okozzák azt, hogy nem egyforma a légzésünk ritmusa, sem az alvás-ébrenlét ritmusunk.

Erich Wilk nagy körültekintéssel és pontossággal igyekezett felfedezéseit „józanul és elfogulatlanul" – ahogyan ő mondta, éveken keresztül ellenőrizni és lejegyezni. Ezek az alapelvek vezérelték őt egész életében.

Itt ugorjunk előre néhány évet az időben.

Egy Bad Pyrmont-i szanatórium tulajdonosa, dr. Annelise Schäfer-Schulmeyer ortopéd szakorvos felajánlotta Wilknek, hogy gyógyítson a felfedezései felhasználásával az ő intézetében. (Bad Pyrmont egy sófalairól nevezetes német kisváros, ahol ma is főként légzőszervi megbetegedések kezelésével foglalkoznak.)

Dr. Schäfer-Schulmeyer sokat hallott Wilk gyógyító munkájának eredményességéről. Később több cikket is írt tekintélyes német szaklapokban a típusellenes testtartásból eredő betegségekről.

(Nem mindenkinek jó, ha egyenesen ül, vagy egyenesen áll! Ami az egyiknek jó, az a másik esetében betegséget is okozhat.)

A Wilk-féle módszerek hatékonyságához nem fért kétség. Ezért kereste fel a klinikát egy fiatal német gyermekorvosnő, dr. Charlotte Hagena is.

A doktornőnél szívelégtelenséget állapítottak meg, szervezete teljesen összeomlott. A számára megfelelő mozgásterápia és táplálkozás, valamint teste különböző részeinek hideg-meleg kezelése rövid idő alatt talpra állította őt. Ezt követően évekig együtt gyógyítottak Wilkkel.

1961-től a doktornőt kinevezték három nagy gyermeküdülő felügyelő orvosává. Ezekben az intézményekben háromhetes turnusokban cserélődtek a 3–18 év közötti gyermekek. 17 éven keresztül látta el ezt a feladatot, miközben saját rendelőjében is folyamatosan dolgozott.

Első, a témával kapcsolatos írása 1983-ban jelent meg Ausztráliában.

„Are we alt the Same?" címmel jelent meg ez a munka, melyet dr. Hagena és Irina Norris, mozgással és balett-tanítással foglalkozó szakember írt.

A szülők rábeszélésére született meg első német nyelvű könyve 1990-ben. (Milyen erők befolyásolják életünket?) Ebben az írásban már közel 30 éves tapasztalatairól számol be. Ennek kibővített, átdolgozott kiadásaként jelent meg a *Konstitution und Bipolarität* című munkája 1993-ban.

Hagena doktornő mindig nagy tisztelettel és elismeréssel nyilatkozott *Erich Wilk*ről, aki elindította őt ezen az úton.

A Wilk-féle felismerések birtokában – ahogyan ő mondta – teljesen új alapokra helyezte kis és nagy páciensei gyógyítását.

*Erich Wilk* 2000. március 30-án hunyt el egy kis német település idősek otthonában. Felismerései és gyógyítási módszerei miatt folyamatosan zaklatták őt. Megkeseredett, magányos és depressziós emberré vált. Halála után rokonai 2001-ben *Christian Hagenára*, a doktornő szintén orvos fiára bízták a Wilk-hagyatékot. *Erich Wilk* egyike volt azoknak, akik azt a hálátlan életfeladatot kapták osztályrészül, hogy felfigyeljenek olyan jelenségekre és összefüggésekre, amelyek mellett mások elmentek.

*„Csak a világ legbölcsebb emberei képesek egyesíteni azt a komolyságot, derűt, rendíthetetlenséget és azt a tájékozottságot és alaposságot, amely a józan ítélőképesség gyakorlásához kell."*
Konfucius

Nem sok híja volt annak (két év), hogy személyesen is megismerhessem *Erich Wilket*.

Munkájának kiteljesítőjével, *dr. Charlotte Hagena* gyermekorvosnővel azonban több alkalommal is találkozhattam.

Szerencsés vagyok emiatt: senkit sem ismertem, aki ennyi kedvességet, kíváncsiságot, és őszinte emberszeretetet sugárzott volna a környezetére, mint ő.

Első találkozásunkkor természetesen nálam volt a *Konstitution und Bipolarität* című könyve, melyet betegségem idején kolléganőm ajándékozott nekem. (Azóta már négyszer újra kiadták!)

A doktornő ezt írta bele:

*„Váljék mindez áldássá az ön számára is!”*

Megfigyeléseim, kérdéseim egyaránt érdekelték őt. A szemináriumok szüneteiben sokat beszélgettünk. Lenyűgöző volt, amilyen egyszerűen és világosan válaszolt a feltett kérdésekre. A teljes bizonyosság nyugalmát és derűjét árasztotta magából, ugyanakkor a gyermeki pajkosság és humor sem állt messze a személyiségétől. Jó érzés volt a közelében lenni.

Azóta eltelt több mint 20 év...

Úgy gondoltam, eljött az idő, hogy eddigi személyes tapasztalataim és megfigyeléseim összegzését letegyem arra a képzeletbeli asztalra.

Annál is inkább, mert angol, de főleg német nyelven egyre több olyan írás lát napvilágot, amelyik tovább mélyíti a saját szakterületén alkalmazva ezeket az ismereteket.

Legutóbb 2020-ban *Doris Watzinger: In Bewegung sein* – Mozgásban lenni című könyve jelent meg. Ebben a fizikoterápiával foglalkozó szakember a bipolaritás alkalmazásáról és tíz éves tapasztalatairól számol be.

Természetesen mondhatjuk ezután is, hogy nem veszünk tudomást az életünket teljesen átszövő kozmikus befolyásokról, hiszen eddig is megvoltunk nélkülük.

Letagadni lehet ezeket a hatásokat, de *megszüntetni* nem!

Még akkor sem, ha „Az emberek nem azt látják, ami ténylegesen van, hanem azt, aminek a látására tanították őket!” – Anthony De Melo.

# A Terlusollogie (Terluszológia) megszületése

**TER**ra – Föld, **LU**na – Hold, **SOL** – Nap

A Terluszológia tehát a Hold és a Nap földi életre gyakorolt magnetikus hatásaival foglalkozik, különös tekintettel az emberre. Megismertet bennünket a légzőtípusnak megfelelő egészséges testtartásokkal, a kinek-kinek ajánlott táplálkozással, valamint segítséget nyújt abban, hogy testünk hideg (–) és meleg (+) zónáinak ismeretében harmonikusabban, egészségesebben élhessünk.

Ha a születés pillanatában a Nap és a Hold földi életre gyakorolt hatásai közül a HOLD tágító hatása az erősebb, akkor az újszülött légzése aktív BELÉGZÉS – passzív kilégzés ritmusban kezd működni. Őket elnevezték Belégzőnek, vagy LUNAR (Hold) típusnak. Ha a két hatás közül azonban a NAP szűkítő hatása a domináns, abban az esetben az újszülött légzése aktív KILÉGZÉS – passzív belégzés ritmusban működik. Ezért ők a Kilégző, vagy SOLAR (Nap) nevet kapták.

SOLAR (ejtsd: szolár) és LUNAR (ejtsd: lunár)

Egyikünk tehát erősebb Holdenergia (tágító) hatás idején, másikunk erősebb Napenergia (szűkítő) hatás idején jön a világra.

Az első – mint már említettem – több ezer éves tapasztalatokat magába foglaló felismerés tehát a **Légzés**re vonatkozik. Egészséges esetben a légzés két fázisából (kilégzés – belégzés) az egyik hangsúlyos – Aktív, a másik pedig súlytalan – Passzív.

Az egyik ember hallhatóan, vagyis aktívan veszi a levegőt, és passzívan engedi ki. A másik aktívan „fújja" ki a levegőt, és passzívan engedi be.

Ez nem is olyan nehéz, csak első hallásra tűnhet idegennek.

Hogy még érthetőbb legyen, képzeljünk el valakit, aki hangosan (aktívan) veszi a levegőket, és utána kiabálva (szintén aktívan) beszél. Ez ugye két aktív fázis egymás után. Az illető már néhány perc után is bereked, hiszen két aktív fázis nem követheti egymást! Ahol aktivitás van, ott passzivitásnak is lennie kell! Ez a természet törvénye!

Ha két passzív fázis követné egymást, az úgy nézne ki, mintha valaki se levegőt nem venne, és beszélni se merne, csak motyogna maga elé. Van ilyen. Egészséges légzőritmus akkor jön létre, ha az Aktív fázist Passzív fázis követi! Ez pedig az embernél kétféleképpen működik.

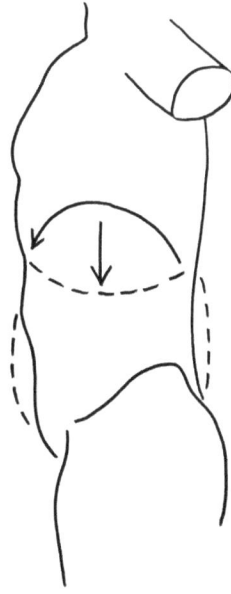

*Az aktív Kilégző/Solar*

Ő az, aki hangosan kifújja a levegőt (aktív fázis), majd halkan, szinte hangtalanul beengedi (passzív fázis).

Az ábra azt mutatja, ahogyan a beengedett (nem beszívott!) levegő a rekeszizmot kissé lejjebb tolja, a has alsó része pedig körben, kicsit hátul a derék táján is kitágul. A mellkas közben nyugodt marad!

A Solar az, akinek a légzése aktív kilégzéssel és a levegő passzív beengedésével működik egészségesen. (Kicsit a pumpa működéséhez hasonlítható: kinyomom, beengedem.)

A Solar aktív kilégzése elősegíti a fölösleges szén-dioxidtól (CO2) való megszabadulást. Itt fontos megjegyezni, hogy a has izomzata nem rendelkezik semmilyen a légzéssel összefüggő funkcióval, a tüdő pedig a mellkasban van!

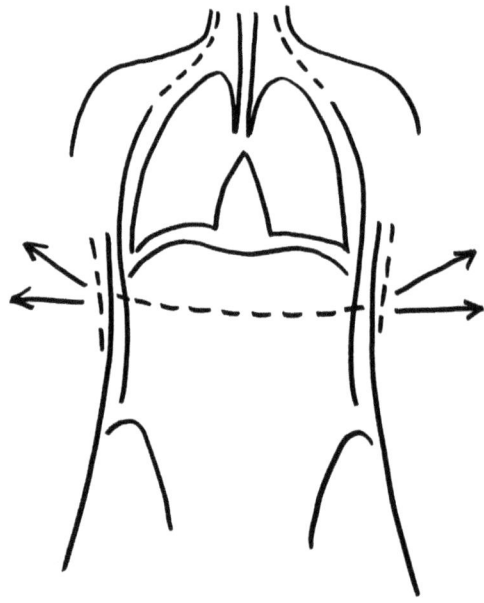

*Az aktív Belégző/Lunar*

Ha valaki hallhatóan, aktívan veszi a levegőt (aktív fázis), a mellkasa széltében, kicsit elöl és hátul is kitágul. Ezután halkan, szinte hangtalanul kell a levegőt kiengednie (passzív fázis). Ez az aktív Belégzés – passzív kiengedés ritmikája.

(Mindkét ábra a test táguló részeit jelöli: Lunar – mellkas tája, Solar – medence tája.)

Az eddig megjelent angol nyelvű irodalom Inhaler – Exhaler, a német nyelvű írások pedig Einatmer – Ausatmer megjelölést használnak. Magyarul ez Belégzőt és Kilégzőt jelent. A megnevezés tehát az illető légzésének az aktív fázisát jelöli.

Úgy gondoltam, hogy a nemzetközi **Solar** (ejtsd: szolár), illetve a **Lunar** (ejtsd: lunár) kifejezések is könnyen megszokhatóak, ezért a továbbiakban elsősorban ezeket a megjelöléseket fogom használni.

Emlékeztetőül néha melléírom majd a Kilégző – Belégző megjelölést is.

**Solar** – aktív Kilégző
**Lunar** – aktív Belégző

Nagyon rosszul lélegzünk, ezért valóságos népbetegséggé vált a kapkodó, ziháló légzés. Ennek oka pedig az, hogy zavarosan, összevissza működik sok embertársunk légzőritmusa (aktív fázis – passzív fázis). Pontosabban nincs összhangban a kinek-kinek jó légzés aktív és passzív fázisa.

A számunkra optimális légzést meg lehet tanulni, nem is olyan nehéz. Ha türelmesen kipróbálja az előbb leírt kétféle légzés ritmusát (aktív–passzív), talán el tudja dönteni, hogy önnek melyik esik jobban.

Vajon megfigyeltük-e, tudjuk-e, hogy nekünk mi a jó?

Túl sokat foglalkozunk minden egyébbel, s önmagunkra elfelejtettünk odafigyelni. Az évek során nagyon kevés olyan emberrel találkoztam, aki teste belső jelzéseivel összhangban élt. A tesztalanyok többségének komoly nehézséget okozott egy-egy kérdés megválaszolása is. Figyelmük központjában a mindennapi anyagi gondok, a munkahely elvesztésétől való félelem, vagy már meglévő egészségi problémák foglaltak el minden teret. A legtöbben nagyon meglepődtek azon, hogy az életvitelük és szokásaik milyen nagy hatást gyakorolnak az egészségükre. A teszteket az évek folyamán újra és újra aktualizáltam, kibővítettem az előző szériák elemzése és feldolgozása tükrében. Az itt következő 15 kérdés több ezer kitöltött teszt aktuális eszenciája. Ezek bizonyultak a kétféle tulajdonság tekintetében a leginkább jellemzőnek és megbízhatónak.

Mielőtt elkezdenénk ezt az önismereti utazást, kérem, olvassák el a következő gondolatokat! Segíthetnek abban, hogy önök nyugodt, megfontolt válaszokat adhassanak a kérdésekre.

Ne abból induljanak ki, amit gyermekkorukban szüleik, nagyszüleik, vagy mások jónak ítéltek az önök számára. Most tekintsenek el attól is, amit az orvos javasolt. Kizárólag az számítson, hogy önök mit és hogyan szeretnének, vagy szerettek volna tenni eddigi életük során. Voltak-e olyan dolgok, amiket gyermekként szívesen megtettek volna, de nem engedték? Például hideget inni, este későn is fent lenni, vagy rajzolni, olvasni focizás helyett...

A teszt két oszlopban tartalmazza a Solarra vagy inkább a Lunarra jellemzőbb válaszokat. A teszt kitöltésénél lesz olyan helyzet, hogy a másik oszlopban található választ tartják majd magukra nézve igazabbnak. Ez teljesen rendben van, ez esetben jelöljék be azt! (Tipp: Ne golyóstollal jelöljék meg a válaszokat, mert azon nehezebb lesz változtatni, ha később meggondolnák magukat.)

A Zeneakadémia énekeshallgatói rendszeresen azt kérték, hogy hadd töltsék ki újra a tesztet, mert rájöttek, hogy egy-két nap gondolkodás és önmegfigyelés után több kérdésre sem a valóban igaz választ jelölték be.

Az egymás melletti kérdéseknél önöknek **választaniuk kell**! Nem jelölhetnek be a két oszlopban egymás mellett található válaszokat!

Ne siessenek, nyugodtan gondolják át a kérdéseket és a válaszaikat is.

(Több tesztalany is megjegyezte, hogy nem is emlékszik arra, mikor kérdezték meg tőle utoljára, hogy ő mit szeretne. Itt a lehetőség, most csak erre vagyunk kíváncsiak, hogy minél reálisabb képet kaphassunk.)

A teszt kitöltése után mindkét oszlopban lehetnek bejelölt válaszok. Ha az egyik oszlopban több választ jelöltek be, mint a másikban, az jó. Ez esetben el tudták dönteni a kérdések alapján, hogy önök melyik típust képviselik. Solar/Kilégzőt vagy Lunar/Belégzőt?

| Kilégző | X | Belégző | X |
|---|---|---|---|
| Korán kelő - korán fekvő vagyok. | | Későn kelő - későn fekvő vagyok. | |
| Hason, bal oldalon szeretek aludni. | | Jobb oldalamon vagy háton szeretek aludni. | |
| Nem vagyok fázós típus. | | Fázós típus vagyok, különösen a lábam fázik. | |
| Bal lábamon állok hosszabb ideig. | | Jobb lábamon állok hosszabb ideig. | |
| A tésztafélékről, édes ételekről nem szeretnék lemondani. | | A meleg levesekről, zsírosabb, húsos, fűszeresebb ételekről nem szeretnék lemondani. | |
| A reggeli órákban, délelőtt vagyok aktívabb, estefelé gyakran elszundikálok. | | Délután, este, akár az éjszakába nyúlóan vagyok aktívabb. | |
| Szívesebben eszem többször kis adagokat, jobban esik. | | A háromszori bőséges étkezést szívesebben fogadja a szervezetem. | |
| Vizuális típus vagyok. | | Hallás után gyorsabban tanulok. | |
| Szeretem a hideg italokat. (A fagylaltot is!) | | A nagyon hideg italtól megfájdul a torkom. | |
| Nem zavar a háttérzaj, ha olvasok. | | Csak teljes csendben tudok olvasni vagy tanulni. | |
| Nem szokott lázam lenni, esetleg kis hőemelkedésem lehet. | | Ritkán, de szokott magas lázam lenni. | |
| A telefont a bal fülemhez emelem. | | A telefont a jobb fülemhez emelem. | |
| A szervezetem nem igényli a sok folyadékot. | | A szervezetem igényli a sok folyadékot. | |
| Egy nehéz tárgy fölemelése előtt kifújom a levegőt. | | Egy nehéz tárgy fölemelése előtt beszívom és visszatartom a levegőt. | |
| Kemény matracon szeretek aludni, az esik jól a gerincemnek. (Akár a földön is elalszom.) | | Puhább, memóriahabos matracon szeretek aludni, a gerincemnek az tesz jót. | |

Nem probléma az sem, ha nem sikerült a döntés. Bízom benne, hogy a könyv végére érve egyértelmű lesz, hogy önöknek mi tesz jót, és mi az, ami károsíthatja az egészségüket.

Azért, hogy további lehetőségük is legyen a döntésre, kérem, végezzék el a két légzőgyakorlatot. Legyenek türelmesek önmagukkal, ne kapkodjanak! Ha valamelyik nem esik jól, azt ne erőltessék. Az önök számára kellemes légzőgyakorlatot viszont csinálják meg többször egymás után. Így újabb döntési lehetőség kínálkozhat a saját légzőtípus megállapítására.

Solar/aktív kilégző gyakorlat:

Üljön beljebb a széken, háttal kényelmesen dőljön a szék támlájának. Fejét kissé felemelve. Miközben lassan lehajtja a fejét, egy SZ hangzón (sziszegés) halkan kezdve, majd fölerősítve fújja ki az összes levegőt. Maradjon négy-öt másodpercig ebben a „kipréselt" állapotban. Majd lassan emelje fel a fejét, és engedje beáramlani orron-szájon át a levegőt. Amint a levegő magától beáramlott, azonnal kezdje a gyakorlatot elölről. Fontos! A kifújás végén kis „átkapcsolási" szünet van aktivitásról passzivitásra. A levegő hangtalan beáramlása után pedig rögtön indítsa a következő kifújást. Ott ne tartson szünetet.

Lunar/aktív belégző gyakorlat:

Üljön beljebb a széken, háta kissé érintse meg a szék támláját. Fejét kissé hajtsa le.

Miközben orron át jólesően „megszívja magát" levegővel, fejét lassan emelje föl. Négy-öt másodpercig maradjon így, tartsa vissza a levegőt a mellkasában, majd kicsi rést nyitva a szájon hagyja a levegőt hangtalanul kicsordogálni, és közben lassan hajtsa le a fejét a kiinduló helyzetbe.

Ha minden levegő kiáramlott, azonnal kezdje a gyakorlatot elölről.

Fontos! Ne pumpálja teljesen tele magát! Csak a „jólesik" határáig szívja meg magát levegővel. A megállás (szünet) mindig az aktív fázis, vagyis a levegő beszívása után van. A has alsó részét hagyja békén, ne csináljon vele akaratlagosan semmit sem.

Sikerült eldöntenie, hogy önnek melyik légzőgyakorlat esik jobban? A legfontosabb, hogy a passzív fázisban – amikor a levegőt hagyjuk magától ki – (Lunar), vagy beáramlani (Solar) –, ne érezzünk feszültséget, nyomást, vagy görcsöt se a torkunkban, se a mellkasban.

A két légzőgyakorlat elvégzésének folyamata egy hozzáértő számára világossá teszi valaki hovatartozását.

Az önnek jó ritmus esetében az arc rózsaszínné válik és kisimul. A test pedig a passzív fázisban a felszabadultság és a megkönnyebbülés jeleit mutatja. Ezt ki-ki megtapasztalhatja önmagán is.

Az önnek nem megfelelő gyakorlat alatt nem érzi magát komfortosan. Előfordulhat az is, hogy kicsit elszédül. Ezért tanácsos a gyakorlatot ülő helyzetben elvégezni, esetleg egy asztal mögött ülve.

Ha pihen egy kicsit, és újra megismétli néhányszor az önnek jobban eső gyakorlatot, a test szívesen veszi a neki természetes és egészséges légzőritmus jóleső működését. Kérem, próbálja meg!

Említettük már, hogy mit jelent, ha két aktív, vagy két passzív fázis követi egymást. Újra és újra gondoljanak arra, hogy a passzív fázis azt jelenti, hogy semmit sem kell csinálni akaratlagosan. Hagyni kell megtörténni. Lehet, hogy az elején a testünk is és mi magunk is kicsit zavarban vagyunk, mert nem vagyunk biztosak abban, hogy jól csináljuk-e.

Azok esetében, akik még soha nem tanultak meg tudatosan jól lélegezni, ez teljesen természetes. Ha többször gyakorolják az önöknek jóleső légzést, egyre jobban fogják élvezni. Csak bátran csinálják.

A Zeneakadémián eltöltött 22 év alatt több ázsiai tanítványom is volt. A Kínából, Tajvanról, Japánból, Koreából érkező fiatalok többsége rövid idő után el tudta dönteni, hogy a testének mi esik jól. Őket ugye másképpen nevelték. Nem nevelték ki belőlük a saját testükhöz fűződő természetes kapcsolatot és ösztönöket.

Ha még mindig nem sikerült eldöntenie, hogy ön Solar/Kilégző, vagy Lunar/Belégző-e, mielőtt tovább olvasna, lapozzon a „Melyik vagyok én?" fejezethez. Ott segítséget kap születési dátuma megadásával. Megtudhatja, hogy ön erősebb Holdenergia-, vagy erősebb Napenergia-hatás idején született-e. Türelemmel és **felelősséggel** állapítsa meg a hovatartozását!

# A test HIDEG-MELEG zónái

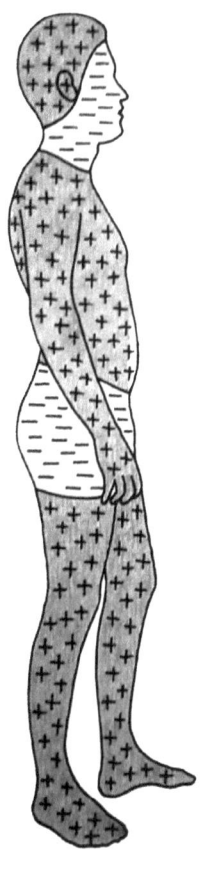

*Belégző/LUNAR*

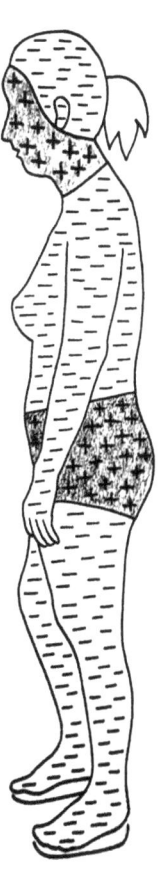

*Kilégző/SOLAR*

Nézzük tehát közelebbről a test hideg-meleg zónáival kapcsolatos tudnivalókat:

A **Solar** egyén teste legnagyobb felülete hideg, nem fázós zóna (a fül is!). Az ábrán ezek a világos színű (–) testrészek. Csak a medence tája és az arc-nyak-tarkó képviselnek meleg testzónát. Ezek a sötét (+) részek.

A Solar mellkasa általában keskeny (hideg, szűkülő zónába esik), csípője pedig szélesebb (a meleg, táguló zónában található).

A **Lunar** teste legnagyobb területe meleg, fázós zóna (fül is!). Az ábrán ezek a sötét színű (+) testrészek. Csak a medence tája és az arc-nyak-tarkó képvisel hideg testzónát. Ezek a világos (–) részek.

A Lunar mellkasa általában szélesebb (meleg, táguló zóna), csípője pedig keskeny (hideg, szűkülő zóna).

Amint a két ábrán látható, a Solar teste legnagyobb felülete hideg (–), míg a Lunar teste legnagyobb felülete meleg zóna (+). A Solar ezért nem fázik, a Lunar pedig ezért fázik jobban.

A **meleg testzónákat** (+) jó meleg vízzel, vagy hosszabb ideig tartó meleg vizes borogatással tarthatjuk karban, illetve gyógyíthatjuk.

A meleg vizes borogatás 25–30 percig is eltarthat, de nem szabad kihűlni hagyni! Például egy kisebb törölközőt meleg vízbe mártunk, kicsavarjuk, és a fájó csuklóra, térdre, vagy mellkasra helyezzük. Ismétlem, nem szabad kihűlni hagyni! Újra és újra meleg vízbe kell mártani.

Betegség esetén naponta két-három alkalommal javasolt megismételni a kezelést.

A **hideg testzónákat** (–) hideg vízzel, vagy rövid ideig tartó (másfél-két perc!) száraz jegeléssel kell kezelni, illetve gyógyítani.

Vékony konyharuhába (csak egy réteg) tesszük a jeges, fagyott segédeszközt, és lassan körbejárjuk vele a beteg, fájó testrészt. Nem szabad túl hosszan alkalmazni a jeges kezelést, hiszen nem elfagyasztani, hanem gyógyítani szándékozunk vele. A maximum 2 percig tartó száraz jegelést akár egy-két óránként is ismételhetjük, de alkalmanként soha ne csináljuk tovább, mint 2 perc!

**FONTOS!** A meleg (+) testzónák sérülései esetén, ha vérzik a seb, rövid ideig jegelni kell, hogy a sejtek összehúzódjanak. Amint elállt a vérzés, a neki jó nedves, meleg borogatással folytassuk a kezelést, gyógyítást!

Gondoljunk arra balesetek, sportsérülések kapcsán is, hogy a test hideg-meleg zónáinak ismerete és az ennek megfelelő alkalmazás milyen sokat segíthet. (Vagy árthat!)

Magunknak és másoknak is azzal tesszük a legnagyobb szívességet, ha ezeket az ismereteket hajlandóak vagyunk beépíteni a gyógyításba és a mindennapi életünkbe. Csak el kell kezdeni. A megtapasztalás kedvet ad majd a folytatáshoz, mert az eredmény mindenkit meggyőz.

A meleg testzónáktól nem szabad **hűtősokk** kezelésekkel elvonni a hőt!

Tehát nem a jég a megoldás mindenre, még akkor sem, ha lépten-nyomon ezt látjuk és halljuk! A hideg zónáknak nem tesz jót, ha melegítjük őket, a meleg zónáknak pedig a hideg okozhat károsodást. Ki kell próbálni, és megfigyelni a hosszútávú hatásokat.

Ha alaposan szemügyre veszi a meleg-hideg testzónákat megjelenítő két ábrát, önben is felmerülhetnek újabb kérdések. Talán segíthet néhány olyan információ, ami még egyértelműbbé és könnyebbé teheti a dolog megértését. Hiszen azoknak, akik most hallanak először a test hideg-meleg zónáiról, valóban kell egy kis idő a feldolgozásra. Én is így voltam ezzel.

Ha valakinek hideg a keze vagy a lába, még nem jelenti azt, hogy fázik is.

A Solar, nem fázós egyén esetében a hideg kéz vagy láb teljesen rendben van, hiszen hideg (–) testzónában található. Akkor egészséges, ha hideg!

A Lunar esetében más a helyzet. Nála a hideg kéz-láb azt jelzi, hogy fázik, hiszen ezek a testrészek nála a meleg zónában találhatók. (Ábra)

Egyik kedves kínai tanítványom úgy fogalmazta meg véleményét a témában tanácstalan magyar évfolyamtársainak: Ti „európaember" nem hallani meg első, belső, felső hang! Ezért lenni mindig beteg." Vagyis, mi azért nem tudunk különbséget tenni a *hideg* és a *fázik* között, mert nem értjük a testünk jelzéseit. A hideg az egy állapot, a fázik pedig egy érzés!

Pihenésképpen íme néhány konkrét eset, ami a test hideg-meleg zónáival hozható összefüggésbe:

– Ismerős, fiatal családban az esti fürdetés rendszeres vitákba torkollik. Két kislányuk – hatéves Solar (nem fázós), négyéves Lunar (fázós) – együtt szokott fürdeni. Az egyik azt kéri, hogy még engedjenek a kádba meleg vizet, a másik tiltakozik ellene, mert szerinte túl meleg a víz. (A helyzet bizonyára sokak számára ismerős.)

– Fiatal házaspár (mindketten Lunar, fázós típusok) két éve korszerűsítette a kétszobás lakást, amelyben három kisfiúkkal élnek.

A gyerekek 9, 6 és 4 évesek. A gyerekszobában eddig hősugárzóval fűtöttek. Most egy szép nagy radiátort tettek az ablak alá. Azóta a fiúk folyamatosan betegek. Amíg nem volt túl meleg a szobájukban, addig szinte soha sem volt beteg egyikük sem, pedig a nagyfiú iskolába járt már régebben is, a középső pedig óvodába. Az anyuka jött hozzám beteg hanggal (óvónő!), így került szóba a dolog.

Utánanéztünk. A három fiú Solar, nem fázós típus. A túl meleg klíma felborította a hőérzékelést mindhármuknál. Amióta a nagy radiátorral kicsit bemelegítenek, azután lezárják, a fiúk egészsége fokozatosan helyreáll.

– Egy idős hölgyet (Solar) látogattam meg születésnapja alkalmából. Beszélgettünk, amikor hirtelen a bal szeméhez kapott. A homloka bal oldalán is éles fájdalmat érzett. Először villogó, fényes foltokat látott, majd minden elsötétült előtte. Azonnal meleg vizes borogatást tettünk a bal arcra és szemre. Többször kicseréltük a borogatást, hogy ne hűljön ki. Negyedóra elteltével a fejgörcs elmúlt, és a látása is normalizálódott. Azt mondta, ha egyedül lett volna otthon, biztosan nagyon megijed. Azóta naponta többször megmossa az arcát, nyakát, tarkóját meleg vízzel, ami nagyon jólesik neki. (Kisgyermekként hideg vízzel kellett arcot mosnia: édesanyja azt mondta, csak az frissíti fel.)

– Évekkel ezelőtt járt nálam egy (Lunar) fiatalember beteg, túlterhelt beszédhanggal. Amikor a testzónákat említettem, eszébe jutott egy régi történet. Kisfiú volt még, tüdőgyulladása volt. Akkoriban jelent meg a gyógyszertárak kínálatában egy erősen hűsítő kámforos kenőcs, amit a mellkasára kellett kenni. A hideg nagyon kellemetlen érzés volt a gyermek számára. Azt találta ki, hogy ő elég nagy már ahhoz, hogy önállóan kenje be a mellkasát. Annak érdekében, hogy édesanyja érezze az erősen mentolos illatot, kívülre, a pizsama nyakára kent egy kicsit a krémből. Így nem derült ki a jó éjt puszinál, hogy nem is kente be a mellkasát.

– Lunar/Belégző tanítványom története a következő: tízéves lehetett, amikor egy este felment a láza 38 fokra. Nagymamája javaslatára azonnal betették a kislányt hideg hűtőfürdőbe. A láz ekkor felszökött 40 fokra. Mi lett volna a számára egészséges megoldás? Jó meleg fürdetés után meleg pizsama, puha, meleg zokni, és be a takaró alá!

Itt feltétlenül meg kell említeni, hogy a Lunar csecsemő és gyermek gyakrabban lehet lázas, mert teste nagyobbik felülete meleg zóna. Nem kell megijedni: a gyermek számára kellemes, meleg lábfürdő is hamar lejjebb viheti a lázat. Egy kedvenc mese felolvasása segíthet abban is, hogy a gyermek nyugodtan üljön a kezelés alatt. Azután rá kell adni egy puha, meleg zoknit, be kell takargatni őt. Egy nagy alvás, és az esetek többségében már másnapra sokkal jobban van a gyermek.

Említettem, hogy doktori dolgozatom témája is a bipolaritás, vagyis a test kétféle reakcióinak elemzése volt. Természetesen írtam benne a hideg-meleg zónákról is. A kész anyagot kritikai észrevételek céljából elolvastattam akkori tanítványaimmal.

Mindenki tehetett javaslatokat, vagy kifogásolhatott bármit a dolgozatban. A végleges verzióból azután kaptak valamennyien egy-egy példányt. Így fordulhatott elő, hogy az egyik dolgozat egy tanítványom barátjának a kezébe került, aki masszőrként dolgozott. A fiatalember feltétlenül találkozni akart velem. Fél napot töltöttünk együtt nagyon intenzív és hatékony munkával.

A nap végén megállapodtunk a következőkben:

A Lunar/Belégző esetében jó, ha a masszázs lentről fölfelé irányul, körkörös mozdulatokat és melegítő hatású olajokat, krémeket alkalmazva. A kezelőben legyen kellemes meleg. A masszőr keze lehetőleg ne legyen hideg, mert a Lunar meleg testének ez nem kellemes érzés, ahogy a hideg bőrasztal sem, amire néha feküdnie kell!

A Solar/Kilégző páciensek kezelésekor ne legyen túl meleg a kezelőben. Őket fentről lefele ajánlott masszírozni, gyakran alkalmazva paskoló mozdulatokat, valamint kellemesen hűsítő olajokat, krémeket használva.

(A masszőrök általában a Solaroknak jó, föntről induló kezelést tanulják és alkalmazzák. Talán érdemes lenne kipróbálni a Lunar verziót is.)

Képzeljék el, ez a fiatalember kis híján tökéletes érzékkel magától rájött ezekre a különbségekre, csak nem tudta „csokorba szedni", vagyis logikusan értelmezni őket. Az elhivatottsága és a fejlődni akarása azonban csodálatra méltó volt. Sokat beszélgettünk arról, hogy vajon miért gondolják úgy a gyártók, hogy szinte valamennyi gyógykrémnek vagy torokfertőtlenítő cukorkának **hűsítő** hatást kell kifejtenie.

Évekkel ezelőtt még kapható volt az egyik neves cég kínálatában a torkot fertőtlenítő, melegítő, kicsit csípős gyömbéres cukorka, ami egyszer csak eltűnt a gyógyszertárak polcairól. Pedig volt rá kereslet.

A lóbalzsamnak nevezett készítmények között is található hűsítő kámforos, mentolos, vagy a testet fölmelegítő variáns is. Valószínűleg azért, mert mindkettőt keresik a fogyasztók, hiszen egyiküknek az egyik, másikuknak a másik felel meg. Ki ezt, ki azt „szereti"!

A testzónákkal kapcsolatban felhívnám a figyelmet még egy gyakori megbetegedési lehetőségre, ami elsősorban a torok táját érinti.

A Solar arca, nyaka, tarkója meleg zónába esik. Ezért van szüksége a nagyon hideg napokon meleg sálra, amivel körbetekerheti a nyakát, akár az orráig is. Garbót is ezért visel szívesen a Solar. Még a nem túl meleg nyári napokon is gyakran látunk olyan hölgyeket, néha még férfiakat is, akiknek nyakában kis selyemkendő vagy sál van. A Solar hölgyek általában változatos kendő- és sálkészlettel rendelkeznek. Nem feltétlenül a ráncok elfedése céljából.

A Lunarnak nincs szüksége a vastag, meleg sálra vagy garbóra, mert nála a torok tája hideg zóna. Nem szívesen visel garbót sem. A sapka, kesztyű és meleg csizma viszont jó szolgálatot tesz neki, mert ezek a testrészei érzékenyek a hidegre. Összességében tehát valamennyiünknek mindig úgy kellene öltözködni, hogy az megfeleljen testünk valós igényeinek, vagyis a hideg és meleg zónáknak. Ne fázzunk, de ne legyen melegünk se!

FONTOS! A testzónával ellenkező kezeléssel lelassíthatjuk, de károsíthatjuk is a test természetes öngyógyító energiáit. A megfelelő kezeléssel pedig megerősíthetjük, megsokszorozhatjuk ezeket a bennünk szunnyadó erőket.

Tucatjával sorolhatnám még az eseteket, amelyek világosan és egyértelműen alátámasztják, hogy testünk nem egyformán reagál az őt érő hideg vagy meleg hatásokra. Biztos vagyok benne, hogy önök is sok, a leírtakhoz hasonló tapasztalattal rendelkeznek.

Ha ismét megnézik a testzónákról készült két ábrát, láthatják a következő különbséget is: a Solar **emésztőrendszere** teste hideg zónájában található, a Lunaré pedig a meleg zónába esik.

Mi következik ebből? Hát, nagyon lényeges dolgok, amikre nem is gondolnánk!

A Solarnak azért nem tanácsos meleg ételeket és italokat fogyasztania, mert a meleg tágító hatást gyakorol az ő természeténél fogva hideg, szűkülő zónában található emésztőrendszerére.

A Lunarnak pedig azért nem tesz jót a rendszeresen fogyasztott hideg étel vagy ital, mert az ő melegzóna-emésztőrendszerében a hideg károsító hatást fejthet ki.

Ez a torokra is ugyanúgy vonatkozik!

Sok tehetséges, fiatal, könnyűzenével foglalkozó énekessel találkoztam már, aki nem talált magyarázatot gyakran fátyolos, fáradékony hangi állapotára. Pedig csak a forró tea helyett fagylaltot vagy jégkrémet kellett volna fogyasztania már a fáradtság első jeleinél. Valamennyien Solarok voltak!

Torokfájás, torokgyulladás, de a torok fáradtsága esetén is a javasolt eljárás a következő:

A Solarnak kívülről meleg vizes borogatást kell tenni a nyakra, és közben valamilyen hideg italt kortyolgatni, vagy akár jégkockát is lehet szopogatni. A kezelés után pedig egy puha, meleg sállal vagy garbóval kellemes melegen kell tartani a torok táját. A fagylalt és a jégkrém azoknak tesz jobb szolgálatot, akiknek nem kell folyamatosan vigyázni az alakjukra, hogy a színpadi kosztüm ne legyen majd túl szűk!

A Lunaroknak tesz jót a meleg tea kortyolgatása, miközben kívülről a torok táját száraz jegeléssel kell kezelni, alkalmanként másfél-két percig, ahogy ezt a test hideg-meleg zónáinál megismerhettük. Ismétlem, nem elfagyasztani kell, hanem gyógyítani!

Egy apró kitérő...

Tudjuk, hogy ma már az úgynevezett hétköznapi ember sem teheti meg, hogy a feltétlenül szükségesnél hosszabb ideig legyen beteg. Gondoljanak csak arra, hogy egy énekes vagy egy színész esetében sem mindegy, hogy egy-két előadást kell-e lemondania, vagy hatot! Aki gyakran vagy hosszasan beteg, azt legközelebb talán nem szerződtetik. Ilyen egyszerű!

Sajnos nem ritkák az olyan esetek, amikor az anyuka vagy apuka túl gyakran kényszerül arra, hogy beteg gyermekével otthon maradjon. A munkahelyek ezt egy idő után már nem tolerálják, hiszen egy olyan világban élünk, amelyben az ember nem számít. A profit a lényeg! Szerencsére csírázgatnak már olyan kezdeményezések is, ahol a munkahely partnerként kezeli a munkavállalót, de ez mifelénk még nem jellemző.

Sok víznek le kell még folynia a Dunán ahhoz, hogy az orvos–beteg vagy a tanár–diák kapcsolat is partnerségi, és ne függőségi viszony legyen.

Amíg a legtöbb munkaadó éreztetett és hangsúlyozott hatalmi pozícióból tárgyal a munkavállalóival, addig csak kevesen mennek örömmel dolgozni, hiszen a kiszolgáltatottság érzése mindent meghatároz. Ugyanez vonatkozik az orvossal vagy az iskolával való kapcsolatra is.

A mi dolgunk az, hogy megtegyünk minden tőlünk telhetőt annak érdekében, hogy senki a családból ne legyen gyakran, vagy hosszabb ideig beteg. Ennek még a legtoleránsabb munkaadó is csak örülni fog.

## Az aktív Kilégző/SOLAR
## alapvető tulajdonságai

A hűvösebb klímát jól viselő Solar **koránkelő – koránfekvő** belső órával születik. Ő a PACSIRTA. Számára a legintenzívebb pihenési idő az este **22–02** óra közötti négy óra. Ha valamilyen okból nincs lehetősége rendszeresen ezt a szervezete számára nagyon fontos időt alvással tölteni, ha teheti, délutáni szunyókálással kompenzál.

A Solar késő délután, estefele elfárad. Gyakran elalszik a televízió előtt, de akár a színházban vagy bármilyen rendezvényen, értekezleten is.

Azok, akiknek lehetőségük van a számukra optimális alvás-ébrenlét ritmus szerint élni, arról számolnak be, hogy reggelente hat óra tájban, néha ennél is korábban maguktól, kipihenten ébrednek.

A Solar erőoldala a **bal**, még akkor is, ha egy „jobbkezes" világba született bele. Közülük kerülnek ki a bal kézzel írók. (Nézzék csak meg, milyen sok világsztár balkezes. Őket hagyták!)

A Solar szellemileg vezető oldala a **jobb**! A jobb kezével mutogat, gesztikulál. Az erős kéz a bal, az ügyes pedig a jobb.

Bármilyen hihetetlenül is hangzik, valószínű, hogy az emberiség fele balkezesnek, másik fele jobbkezesnek születik. Kelet-Európában sokan közülük az úgynevezett „rejtett balkezesek".

A Solar számára ideális fekvőfelületet biztosít a **kemény matrac**. Ők azok, akik jobb híján a földön is elalszanak. A Solar emésztőrendszerének optimális működését a **napi négy-ötszöri,** kis adag étkezés biztosítja.

„Erre nekem nincs időm!" – mondják sokan.

Kell, hogy legyen, mert később sok időt vehet majd igénybe a beteg emésztőrendszer kivizsgálása, a szükséges kezelések, vagy a kórházi ápolás.

Miért van szüksége a Solarnak a többszöri, kisebb adagokban történő táplálkozásra? – kérdezhetné bárki.

Azért, mert az ő emésztése gyors. A túl nagy adag táplálék fölöslegesen megterhelheti érzékeny emésztőrendszerét. (A hideg, szűkülő zónába eső gyomor mérete kisebb, ezért sem szabad „kitágítani".)

Tesztek, esetek százai bizonyítják, hogy közülük gyakrabban kerülnek ki a komolyabb gyomor-bélrendszeri betegségekben szenvedők.

Szerencsés, ha a Solar egészséges étkezésének másik fő szempontja a zsíros, túl fűszeres, csípős, és a nagyon meleg ételek kerülése! A *Szeretem* nem egyenlő azzal, hogy *Jó nekem*!

A Solar emésztőrendszere – ahogy már említettük – a hideg (–) testzónába esik, nem szabad a természetes hőérzékelést fölöslegesen és rendszeresen megzavarni. A zsíros, fűszeres, meleg ételek ugyanis hőt termelnek. A Solarnak erre nincs szüksége. A teljes kiőrlésű táplálék is azért „túl nagy falat" az ő alapvetően gyors emésztésének, mert nehezen tud megbirkózni vele.

Az én több évtizedes tapasztalataimmal csatlakozom az elődökhöz és felhívnám a szakemberek, valamint az érintettek figyelmét arra, hogy a Solarnak nagyon **káros a vaj** fogyasztása. Az nem lehet véletlen, hogy a legtöbb általam is ismert **kettes típusú cukorbeteg** Solar vajjal süt-főz! Többen közülük tejérzékenységgel, inzulinrezisztenciával is küzdenek. A beszélgetések során gyakran kiderül, hogy rendszeresen fogyasztanak zsíros tejtermékeket is.

A Solar **vizuális típus**. Ha felolvasnak neki valamit, így szól: Mutasd, hadd nézzem! A vizuális Solar szeret fényképezni, filmet készíteni. Fotóit az élénk színek, és a sok fény jellemzi. (Hiszen a szeme a meleg, táguló, dinamikus zónába esik, szüksége van impulzusokra!) Az élénk színek és a fényes ékszerek a ruházatában is megnyilvánulnak.

A Solar általában szeret kertészkedni. Csodálatos virágágyások és színes balkonnövényzet dicséri keze munkáját. Vizuális lénye az élet minden területén jól érzi magát a színek világában. A lakberendezők vagy a ruhatervezők erre nagyszerű példákat szolgáltatnak.

Ha nyelvet tanul, olyan metódust válasszon, amelyik a nagyobb hangsúlyt az írásos, vagyis a vizuális anyagra-módszerre helyezi.

A Solar **nyugodtabb, lassúbb** embertípus. Ez a tulajdonsága is teste nagy hidegzóna-felületével hozható összefüggésbe. A hideg, szűkülő testzónák ugyanis nyugodt területek, nem igénylik a túl sok mozgást.

Szegény Solarok! Hányszor hallották már életük során: „Mozdulj már meg!" „Megalszik a tej a szádban!" „Jössz már végre?" Több neves Solar sportolónak is az életébe került, hogy agyonhajszolták, vagy hajszolta saját magát. A lassúbb, nyugodtabb Solar esetében a megoldás valószínűleg egy kifejezetten testre szabott, a „többször keveset" elven alapuló edzésterv kialakítása lehetne. Az illetékes szakemberek talán felfigyelnek majd erre a fontos jelenségre. Hiszen a Solar nagy hidegzóna-testfelületének nincs szüksége túl sok bemelegítésre, az csak lefárasztja őt.

A Magyar Rádióban hallottam egy gyermekekről szóló műsorban a betelefonáló apuka szájából:

„Két fiam van. A kisebbik hál' Istennek focizik, bringázik egész nap. A nagyobbik a szobában ül és rajzol, vagy olvas. Mit csináljak vele?"

A magam részéről azt tanácsoltam volna a kedves apukának, hogy tegye lehetővé a nagyfia számára, hogy a szabadban, friss levegőn rajzolhasson és olvashasson. Különben meg hagyja békén! Megjegyzés: a Solar gyerekek előszeretettel rajzolnak álló tárgyakat és dolgokat. Fát, házat, várat, virágot... így is kifejezésre juttatva a nyugalomra, és a nem túl sok mozgásra törekvésüket. Az említett családban is előfordulhatott már hasonló jelenet: az egyik gyermek (Solar) kockákból várat, tornyot épít, amit izgő-mozgó, dinamikus testvére (Lunar) élvezettel rombol szét egy labdával vagy lábbal. (Mert ő meg a mozgás híve.)

A Solar izomzatára a **feszítőerő** jellemző. Egyik kedves kis Solar tanítványom a jogosítvány megszerzéséhez szükséges újraélesztés demonstrálása közben férfiakat is meghazudtoló erővel törte szét a szívmasszázs gyakorlásához biztosított műanyag baba felsőtestét.

Solar kolléganőm könnyedén kinyitja az ásványvizes palack kupakját, ami nekem csak ritkán sikerül. Hiszen a Solar keze jóval intenzívebb szorítóerőt képes kifejteni, mint a Lunaré.

**Foglaljuk össze a SOLAR/Kilégző alapvető tulajdonságait:**

- Általában keskenyebb mellkas, szélesebb csípő jellemzi.
- Koránkelő-koránfekvő.
- Legfontosabb alvási ideje a 22–02 óra közötti négy óra.
- Nyugodtabb, lassúbb típus. (Erőgyűjtése a nyugalomból fakad.)
- Aktív ideje a reggeli, délelőtti órákra esik (08–12), délutánra, estére elfárad.
- Izomműködésére a feszítőerő jellemző.
- Vizuális típus.
- Optimális légzését és testtartását elősegíti a kissé emelt sarkú lábbeli (férfiaknál is).
- Erősebbik oldala a bal. Szellemileg vezető oldala a jobb.
- Közülük kerülnek ki a balkezes, ballábas sportolók.
- Nem igényli a túl sok folyadékot. (A víz megáll a szervezetében, hízik „pár litert", és fölöslegesen terheli veseműködését is.)
- Nem fázós, csak a medence tája, arca-nyaka-tarkója esik meleg zónába.
- A Solar szereti a nyakába, homlokába érő frizurákat, mert ha tudat alatt is, de melegíti őt. (A szakáll is rá jellemző.)
- A hűvösebb, szárazabb klíma kedvező számára.
- A párás meleg hosszú távon káros lehet az egészségére.
- Egészséges emésztését, optimális energiáját és erőnlétét a többszöri kis adagban történő táplálkozás biztosítja leginkább.
- A zsírszegény, vitamindús, szénhidrátokban gazdag ételek elősegítik jó közérzetét és aktivizálják őt.
- A savas ételekre és italokra, vagy a túlzott fűszerezésre érzékenyen reagálhatnak az emésztésben részt vevő szervei.
- Számára a túl meleg ételek és italok rendszeres fogyasztása káros lehet.

# SOLAR / KILÉGZŐ ajánlott táplálkozása

Fontos: többször kis adagok, zsír- és savszegény, szénhidrátokban gazdag étkezés, semmit sem forrón vagy túl melegen fogyasztani, kevés folyadék

| Italok | | | Zöldség - Gyümölcs | | | Fehérjék , zsírok, szénhidrátok | | | Fűszerek |
|---|---|---|---|---|---|---|---|---|---|
| Jó | Káros | Néha lehet | Jó | Káros | Néha lehet | Jó | Káros | Néha lehet | |
| kevés | pezsgő* | kávé* | paradicsom | répa | burgonya | búza, zab | vaj | zsírosabb | **Jó:** |
| folyadék, | fekete tea* | vörösbor* | spenót | citrusfélék | érett eper | tönköly, | zsír | túró vagy | mediterrán |
| sovány tej | savas | sör* | sóska | eper - | érett málna | fehér | szalonna | sajt | kerti |
| zöld tea | borok* | malátasör | zöld saláták | málnafélék | édes alma | kenyér és | savak | zsírosabb | fűszerek, |
| kecsketej | zsíros tejek | | zöldbab | hagyma | | tészta | citrusfélék | natúr | vanília |
| édes üdítők | | | zöldborsó | zeller | | rizs, gríz | sült húsok | joghurt | fahéj |
| baracklé | | | tök, cukkini | meggy | | hüvelyesek | és -halfélék | | kömény, |
| ananászlé | | | spárga | | | sovány, főtt | sült krumpli | | édes |
| körtelé | | | hüvelyesek | | | húsok és | | | ketchup |
| édes | | | és lencse | | | halak | | | |
| meggylé | | | káposzta | | | növényi | | | **Káros:** |
| | | | csonthéjasok | | | zsírok és | | | túl sok |
| | | | szőlő | | | olajok, | | | vagy |
| | | | dinnye | | | oliva | | | csípős, |
| | | | ananász | | | margarin | | | borsos |
| | | | mangó | | | tökmag- és | | | fűszerezés |
| | | | banán, füge | | | szőlőmag- | | | |
| | | | datolya | | | olaj | | | |
| | | | körte | | | cukor, méz | | | |
| | | | barack | | | joghurt | | | |
| | | | | | | mozzarella | | | |

*=élvezeti cikk

## SOLAR / KILÉGZŐ csecsemők és kisgyermekek számára

**Fontos: Az első 3-4 hónapban az anyatej a legjobb táplálék. Ha kevés a tej, vigyázva ki lehet egészíteni hígított kecsketejjel vagy szójatejjel. De csak ha feltétlenül szükséges!**

Az 5-6. hónaptól lehet az anyatej mellé sovány, hígított gyümölcs- zöldségleveket majd gyümölcspüréket adni, banánból, barackból, odafigyelve a csecsemő reagálására. Mindenből kis adagokat egyen!

1 éves kor után fogyaszthat már pépes ételeket, például borsópürét is. A sovány túró, főtt csirkehús, tonhal, lazac, sovány tejben főtt rizzsel is adható.

A zsírmentes tejben főtt rizsbe lehet két-három csepp mézet tenni. Kihűlni hagyni! Barack, banán, édes almapüré is jó zabkásába keverve.

2 éves kortól egy-két csepp halolaj, dió- vagy tökmagolaj is ízesítheti a főtt szárnyas húst de akár a grízt is. Szívesen fogyaszt paradicsomitalt is. Hetente egyszer-kétszer tojássárgája is keverhető a grízbe, rizsbe vagy zabkásába.

3 éves kor közeledtével hetente egyszer-kétszer kaphat a gyermek darált diót kevés mézzel összekeverve, nagyszerű csont-izom erősítő a Kilégző gyermek számára.

Figyeljünk arra hogy a gyermek ne legyen túlsúlyos, mert magával viheti az életbe!

**Fontos: Ne erőltessük a túl sok folyadékot! A répa, a citrusfélék, a zsíros tejek, vaj, zsír, rozs, kukorica , meleg ételek KÁROSAK! Alapelv legyen a többször kicsi adag, és a semmit sem melegen enni-inni!**

Néhány eset a Solar táplálkozásával kapcsolatosan:

– Egyik német kollégám mesélte a következő történetet. Kisfiúk voltak (Solarok), öccsével a nyarakat a nagyinál töltötték, aki állandóan meleg levesekkel traktálta őket. „Ha jól fel akartuk húzni a nagyit – mesélte –, akkor a hideg kövön mezítláb ittuk a fali kútból a jéghideg vizet."
– Ismerős nagymama látogatott meg hároméves kislányunokájával. A gyermek sápadt és kedvetlen volt. A meleg nyári napon zokniban, kis kardigánban szenvedett (Solar). Állandó hasfájás és hasmenés gyötörte őt, orvostól orvosig jártak vele. „Pedig naponta adjuk neki a frissen préselt narancslevet és répalevet!" – dicsekedett a nagyi. (Ezek rendszeres fogyasztása a Solarnak káros!)

Javasoltam, hogy készítsenek a gyermeknek zsírszegény tejjel tejbegrízt egy kanál mézzel. Amikor kihűlt, egyen belőle egy-két kanálnyit. Kicsit később újra. A kislánynak másnapra nem volt semmi baja; annál is inkább, mert a nagyi azt is megengedte neki, hogy mezítláb játszhasson a füvön. Hiszen az ő hidegzóna-talpacskáinak nagyon jólesett a hűvös fű érintése. (Hallottam már olyat is, hogy a szülő azzal ijesztgette a Solar kislányát: Ha mindig mezítláb járkálsz, majd nem lesz gyereked.)

– Egy alkalommal egy édesanya és tízévesforma kislánya jöttek hozzám a kislány bátortalan, bizonytalan beszédhangja miatt. Éppen légzőgyakorlatokat csináltam vele, amikor a gondos anyuka (kiderült, hogy pékségben dolgozik) elővett a táskájából egy teljes kiőrlésű péksüteményt, és megetetett pár falatot a vonakodó gyerekkel. Kiderült, hogy a kislánynak rendszeresen szorulása van, nem tudni, miért. (A Solar emésztésének a teljes kiőrlésű táplálék – ahogy ezt már említettük – „túl nehéz" falat.)

– Egy kedves tanítványom családjával új házba költözött. A tetőtérben lévő gyermekszobába benyitva azt látta, hogy Solar kislánya az ágyon állva a tetőablakon kinyúlva gyűjti egy pohárba a friss havat, és azonnal jóízűen el is fogyasztja. Nem szólt rá: tudta, hogy a gyereknek semmi baja sem lesz ettől. Legfeljebb az immunrendszere erősödik.

50

Amikor Berlinbe kerültem, gyakran hazajártam Zeneakadémiai tanárnőmhöz, Fábry Edithez, aki továbbra is jó kritikusként szem előtt tartotta énekhangom minőségét. Drága Edit néni nem tudott főzni, de a „tiszteletemre" mindig saját kezűleg paszírozott, friss spenóttal várt engem. Számára a spenót egyet jelentett a mennyel! (Solar volt!) Bár én nem szeretem a spenótot, olyan szeretettel készítette nekem, hogy mindig elfogyasztottam egy nagy tányérral.

## Az aktív Kilégző/SOLAR egészséges testtartásai

### FEKVÉS

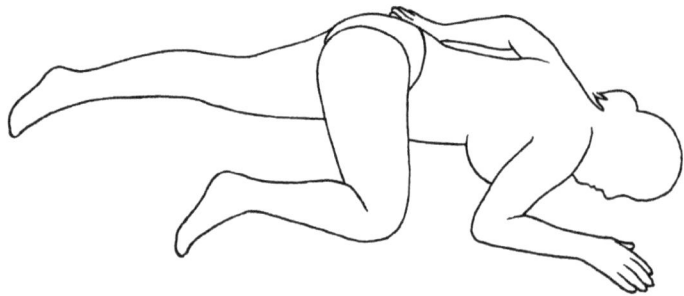

A **fekvés**ről már említettük, hogy a Solar gerincének a keményebb fekvő felület tesz jót. Általában az ábrán látható módon alszik el, vagy a bal oldalára fordulva. Őt nem zavarja, ha nincs teljesen sötét a szobában. Az sem okoz gondot számára, ha a háttérben szól a televízió, vagy kellemes zene szűrődik be a szomszédból. Van, aki csak így tud elaludni.

(A Solar kisbaba sír, ha teljesen sötét van, de egy kis fényforrás mellett békésen elalszik.) A Solar szereti a nehezebb plédet vagy takarót. Teste nagyobbik felülete hideg, szűkülő zóna, aminek jólesik, ha a takarónak van némi súlya.

Berlini kolléganőm Solar férjének vásárolt születésnapjára egy pillekönnyű, drága paplant. Hogy a meglepetés még nagyobb legyen, ki is cserélte a régi, nehéz, tömött vattából készült paplannal. (Mi is ismerjük ezt a nehéz, régi paplanfajtát.) Kolléganőm két nap múlva a beágyazásnál meglepve tapasztalta, hogy az ágyneműhuzatban a régi, nehéz paplan van. A férje visszalopta a kukából!

Tanúsíthatom, hogy egy szintén Solar közeli hozzátartozóm fülig érő szájjal vette birtokba az ugyancsak ajándékba kapott súlypaplant. 6,5 kilogrammot nyom (200x140 cm), nem elírás! Ma már lehet ilyet vásárolni – talán azért, mert vannak, akik ezt nagyon szeretik.

Egy hasznos megfigyelés: a Solarnak jólesik, ha a fejére hátulról jön a friss levegő, hiszen a koponya a hideg zónába esik!

## ÜLÉS

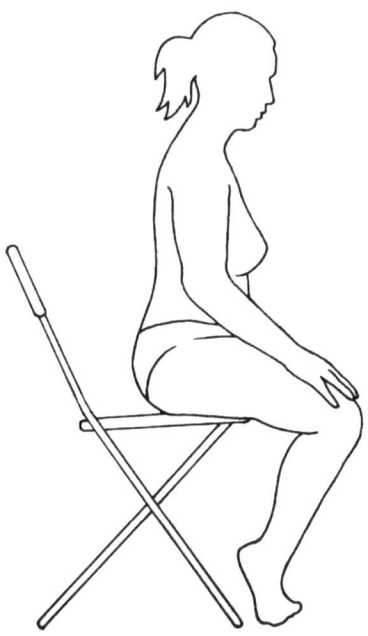

A Kilégző/Solar szívesen ül lovaglóülésben, mert kellemesnek érzi, ha behajlíthatja az ízületeit (lásd az ábrán).

A szék elején egyenes háttal, maga alá húzott lábakkal, kissé lehajtott fejjel képes hosszabb ideig ülni. Így kevésbé károsodhat a gerince.

A puha párna és télen az ülésfűtés is kellemes érzést nyújt meleg zóna medencéjének. A Solar szeret törökülésben ülni. Ennek oka ugyancsak a behajlított ízületekre ható kellemes érzés lehet.

Neki nem tesz jót, ha „összegörnyedt" felsőtesttel a szék vagy fotel támlájához dől. Hosszú távon ez komoly gerincproblémákhoz is vezethet.

Nemrégiben járt nálam egy Solar kolléganőm. Természetesen az én „kényelmes", magas háttámlával rendelkező (Lunar) székembe ültettem le őt. Egy idő után felállt, és átült a kanapé szélére egyenes háttal, és maga alá húzott lábakkal. Éppen úgy, ahogy ez az ábrán is látható.

Apropó: lovaglóülés! A lovaglás nagyon kedvező sport a Solar számára, mert hidegzóna-combjaival szoríthatja a lovat, és a melegzóna-medencéjét pedig hintáztathatja a nyeregben ide-oda. A Solar kisbaba is ezért hintázik szívesen a meleg zóna popsiján.

Egyik ismerősöm (Solar) gyakori derék- és hátfájásra panaszkodott. A televíziót nézve alkalmanként órákig ült egy fotelben összegörnyedt felsőtesttel. Egy plédet szorosan összetekertünk, két végén cipőfűzőkkel megkötöttük, így rendelkezésünkre állt egy rögtönzött hengerpárna.

Ha a fotelból nézte a televíziót, a dereka fölé odatettük a hengerpárnát, így nem terhelte a gerincét a neki rossz testtartással.

A Solar gerincének jólesik, ha egyenesen ül, vagyis homorulat van a dereka fölött. Ezért egy hosszú autóúton az ülés háttámlájára húzható hengerpárna nagyszerű támasztékul szolgálhat. (A későbbiekben majd leírok a Solarok számára egy hengerpárna segítségével végezhető kellemes légzőgyakorlatot.)

Ha ön szemügyre veszi az ábrán az ülő figura lábát, azonnal értelmet nyer egy cipész kifakadása:

„A fene se érti ezt! Van, akinek állandóan kettéreped a cipőtalpa!"

# ÁLLÁS

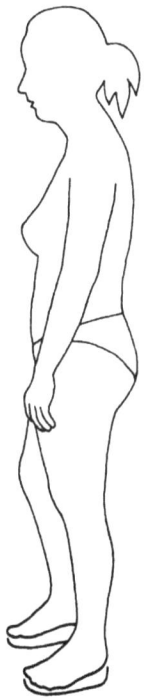

Az egyetlen testhelyzet, amely során **nem lehet homorulat** a Solar dereka fölött. Az ösztönös Solar ezért is áll kicsit „görbén", laza térdekkel. Ez a testtartás kíméli a gerincet.

Szegény Nap-szülöttek!

Életük során nem egyszer hallhatták a következőket: „Húzd már ki magad!" „Tessék egyenesen állni!" „Ne állj ilyen szerencsétlenül!"

Pedig ők azok, akik ha kényszer hatására egyenesen állnak, úgy néznek ki, mintha „karót nyeltek volna". (Az a testtartás szembeötlő, ami nagyon eltér a természetestől!) Persze túlzásba is lehet vinni a görnyedt testtartást.

22 évvel ezelőtt a Zeneakadémián volt egy Solar kislány az osztályomban. Az énekórán néha egészen előre, lefele hajolva

énekelt. Egy alkalommal lehajoltam előtte, és fölfele nézve megkérdeztem: „Mit csinál ott lent, kedves?" Volt humora! „Tanárnő, kérem, még kapálok egy kicsit!" Ő volt az, aki október végén pántos nyári ruhában és szandálban jött órára, egy vékony kardigánnal a vállán. Nem szóltam semmit, hiszen soha nem volt beteg. (A Solar nem fázós!)

Végül ejtsünk néhány szót a Solar **járás**áról.

Az egészséges Solar nagyobb léptekkel megy. A medencéjének jóleső (meleg zóna) ringó mozdulataiból fakad a kissé táncos járás. A legalább enyhén emelt sarkú cipő azért előnyös számára (férfiaknak is), mert járás közben a lábujjak, vagyis a talp eleje érinti meg először a talajt, ezután gördül végig a test a talpon. Ez a folyamat a gerincének is jólesik, valamint a számára egészséges légzést is megkönnyíti.

A Solar szívesen visel telitalpú cipőket vagy fából készült papucsokat, mert a talpa is feszes, hideg zóna, és jólesik neki a nyomás érzete. (lásd az előző oldali ábrán)

Dombra, hegyre fölfele kicsi, gyorsabb léptekkel halad, lefelé azért érzi bizonytalanabbnak magát, mert a sarkára kell lépnie. (Ezt persze nem tudja!)

Jól teszi, ha a teletömött túratáskát a bal vállán viszi, hiszen az az erőoldala. Ha hátizsákot visz magával, ügyelnie kell arra, hogy a súly ne feszítse hátra a felsőtestét, mert ez akadályozná őt a szabad légzésben.

(Erre a kisiskolások esetében is figyelni kellene!)

Az erőoldal ismerete és típusnak megfelelő használata fontos szempont lehet az életükben. A Solar gyengébbik oldala a jobb!

*A tapasztalatok arra utalnak, hogy a gyengébbik oldalán gyakrabban betegszik meg minden ember!*

Talán így tiltakozik a test a neki nem megfelelő túlterhelés ellen. Legyen az kéz, váll, láb, vagy térd.

Ami a testtartásokat illeti, minden esetben azt látjuk a természetestől eltérőnek, ami típusellenes vagy túl sok. A gerinc betegségei is a legtöbb esetben a tartósan típusellenes testtartásra vezethetők vissza.

## Az aktív Belégző/LUNAR
## tulajdonságai

A fázós Lunar **későnkelő – későnfekvő** „belső órát" kapott ajándékba a természettől. Számára a reggel **04–08** óra közötti alvás jelenti a legintenzívebb pihenési fázist. Ő az éjszakai BAGOLY. Reggelente nehezebben indul be. Este, az éjszakába nyúlóan pörög igazán.

Fontos megmérettetések – vizsga, állásinterjú, verseny, koncert – esetén ha választhat, tegye ezeket a délutáni vagy esti órákra. Figyelme, koncentrációja ekkor a legintenzívebb. Többeknél bevált a következő taktika: előző este későn, akár éjjel egy-két óra tájban kerültek ágyba. A vizsga vagy előadás napján pedig délig, vagy még tovább aludtak. Egy kiadós étkezést követően 15–16 óra tájban már friss, kipihent testtel és lélekkel nagyszerű formában voltak. Érdemes kipróbálni!

Ha a Lunar hosszú ideig, esetleg éveken keresztül túl korán kel, abból súlyos egészségkárosodás is származhat. Mit jelent a túl korán?

Ha reggelente 5–6 óra körül kell kelnie, már megfosztja magát a legfontosabb pihenőfázisa felétől.

Nem a véletlen műve, hogy a nyári óraátállítás őket viseli meg leginkább.

Gondoljunk csak bele: akinek eddig 7 óra körül kellett kelnie, az most 6-kor kénytelen. A reggelente munkába járók és az iskolások szervezete megsínyli ezt az alváshiányt. Vajon tényleg megéri?

– Egy fiatal pék esete megdöbbentette egész környezetét. Megállt a szíve, 46 éves volt. A pékek általában hajnali 3–4 órakor már talpon vannak. A fiatalember édesapja és nagyapja is szerette ezt a munkát. (Mindketten koránkelő Solarok voltak.) De ez a fiatalember éveken keresztül megfosztotta a szervezetét a számára legértékesebb alvási időtől. Nem ő az egyetlen, aki súlyos árat fizetett a szervezete kizsigereléséért. Nem volt ennek tudatában, de „érezte", hogy ez az életforma az ő számára nem megfelelő. Felesége később elmondta, hogy a férje egyáltalán nem akarta átvenni a pékséget, de nem szeretett volna csalódást okozni a szüleinek, hiszen a pékség a család számára fontos bevételt jelentett.

Miért nem aludt délutánonként? – kérdezhetné bárki. A Lunar nappal nem tud igazán pihenni, mert az alvás-ébrenlét ritmusa és a fény-sötétség érzékelése nem így van „kódolva".

A délutáni alvásról valószínűleg ódákat tudnának zengeni az óvónénik is.

Az egyik gyermek szívesen lepihen ebéd után, a másik csak izeg-mozog, és zavarja a többieket. Talán megvalósítható lenne legalább az óvoda utolsó két évében, hogy csak azok a gyerekek aludjanak, akik szeretnének.

A többi gyermeknek egy kellemes mozgással teli óra sokkal jobb szolgálatot tenne. A négy-ötévesek már el tudják dönteni, hogy szeretnének-e aludni.

Minden csoda három napig tart. Rövid idő alatt hozzá lehetne szokni ehhez az új, de mindenki számára nagyon hasznos megoldáshoz.

Bizonyára akadna óvónő is, aki a pihenő gyerekektől távol „tornaórát" tartana a nagyobb mozgásigényű Lunaroknak. Mindenki csak jól járna!

A szülők gyakran arról számolnak be, hogy az óvodai kényszeralvás miatt Lunar gyermekük „belső órája" este még később „üt". Vagyis reggelente még nehezebbé válik a Lunar gyermek számára a felkelés. Ez vajon kinek jó?

A Lunar felnőtt tesztalanyok a különböző továbbképzések esetén, ha választhatnak, inkább a délutáni vagy esti időpontokra jelentkeznek. (A Lunar főnök legkorábban 10 órakor, vagy a délutáni órákban tart értekezletet.)

A Lunar erőoldala a **jobb**, ezen a lábán áll hosszabb ideig, a másikon pihen egy kicsit, majd ismét visszaáll a jobb lábára. A szellemileg vezető oldala a **bal**. Bal kézzel mutogat, azzal gesztikulál. A Lunar izomzata a *gyorsaság* elvén működik. Ezért kedvezőek számára a sok mozgással, főleg a kéz-láb mozgásával együtt járó sportok.

A Lunar igazi pihenése szempontjából a **rugalmas, puhább**, esetleg memóriahabos **matrac** az ideális. Érthető, hiszen teste legnagyobb felülete meleg, táguló zóna, amelynek a puha matrac által lehetővé tett mozgás még álmában is jólesik.

A kemény matrac azért nem ideális számára, mert nyomja a meleg, táguló testzónákat, ezért nem tud a földön sem aludni.

A Lunar szervezetének egészséges működéséhez a **napi két-háromszori étkezés** ideális, mert emésztése lassú.

Ha folyamatosan majszol, rágcsál valamit, akkor gyakran fáradt, és súlyfelesleget is könnyebben magára szedhet. Az emésztés a Lunar esetében több energiát vesz igénybe. Mivel az emésztőszervek a meleg zónában találhatóak, szüksége van zsírosabb, fűszeresebb (melegítő) táplálkozásra.

Az ősi ázsiai kultúrák és tanok is említik a „nagy emésztő tűzzel" élőket. Ezek a Lunarok, ahogyan ők mondták, a Holdemberek.

A teljes kiőrlésű gabonákból készült kenyerek és péksütemények a Lunar számára biztosítanak megfelelő táplálékot, mert ezek feldolgozásához a szervezetnek hosszabb időre van szüksége.

Egy példa: reggelire két rozslisztből készült zsemle vajjal, sonkával, uborkával egész délelőttre pozitív energiákkal tölti fel a Lunart, pláne, ha ezt még egy nagy pohár frissen préselt narancslével „le is öblíti".

A Lunar melegzóna-emésztőrendszerének nagyon hasznos szolgálatot tesznek az állati zsiradékok, élükön a vajjal, hiszen ezek biztosítják a „nagy emésztőtűz" segítségével a sok mozgáshoz szükséges energiát és meleget.

A Lunar **hallás után tanul könnyebben**. Az ilyen gyermekek füle, akár a szivacs. Pillanatok alatt megtanulnak hallás után kilométeres meséket vagy verseket. Zenei memóriájuk is nagyon jó.

Nekik az iskoláskor kezdetén inkább az írással lehetnek problémáik. Erre kicsit elő lehet készíteni őket. Ha a szülő ezt szükségesnek érzi, érdemes a kicsikkel játékos formában „előgyakoroltatni" az írást, hogy ne érhesse majd őket kudarcélmény már az iskoláskor első hónapjaiban.

A Lunar gyermek imádja az esti mesét hallgatni, hiszen „zene füleinek". Az ő rajzai, ha választhat, inkább mozgó tárgyakat ábrázolnak. Labdát, lovat, autót, kutyát. Vagyis valamit, ami mozog. (Emlékeztetőül: a Lunar hallás után tanul könnyebben, és szereti a mozgást mindenben, ami körülveszi őt.)

Egy kedves történet egy Solar kisfiúról és Lunar anyukájáról... Dr. Hagena nyári kirándulásra vitte akkor 4 éves (Solar) kisfiát. A panzió ablakából erdőket, pajtákat, lovakat, teheneket és mindenféle háziállatot lehetett látni.

Amikor kérték a kisfiút, mesélje el, mi mindent látott az ablakból, a válasz így hangzott: fát, házat, kutat. A doktornő odament az ablakhoz, és valóban volt ott egy kút is.

A Solar az álló, a Lunar inkább a mozgó tárgyakat, élőlényeket veszi észre.

A Lunar szeret kerékpározni, futballozni. A lányok is kedvelik, ha kezük-lábuk mozgásban lehet, hiszen meleg testzóna, és igényli a sok mozgást. A kézi- vagy kosárlabdajátékok nagyon hasznosak számukra, mert a nagy felületű meleg testzóna mozgásigényét kielégítik. (Azt viszont nehezen tűri a Lunar, ha a sportzokni szorítja a bokáját, mert a bokája meleg, táguló zóna. A Lunar férfiak ezért sem kedvelik a szoros zoknit!)

A szülő nagyon jót tesz Lunar gyerekével, ha már kicsi korától hozzászoktatja ahhoz, hogy az arcát, szemét, nyakát naponta esetleg több alkalommal is mossa át hideg vízzel.

Ez nem csak felfrissíti és karban tartja az arc bőrét (a felnőttekét is), de erősíti a szem idegeit is, és jó hatással van a látás minőségére.

Aki így nő fel, annak csak idős korára lesz szüksége szemüvegre. Hagena doktornő is egy volt azok közül, akinek csak túl a 70-en kellett olvasószemüveg.

A Lunar hajmosása hátrahajtott fejjel (hogy a meleg víz ne nagyon érje a hidegzóna arcot!) számára kellemesebb tevékenység, főleg ha gyerekekről van szó!

**Összegezzük a LUNAR-ra leginkább jellemző tulajdonságokat:**

- Általában szélesebb mellkas (meleg zóna), keskenyebb csípő (hideg zóna) jellemzi. (Az örökölt testalkat természetesen beleszólhat ebbe!)
- Későn kelő – későn fekvő belső órával születik.
- Legfontosabb alvási ideje a reggel 04–08 közötti négy óra. (Ki korán kel, az bizony előbb-utóbb megbetegszik közülük!)
- Energikus, dinamikus típus, mozgásigénye nagy. Erőt a mozgásból merít. Izomműködésére a gyorsaság jellemző.
- Aktív ideje az esti, éjszakába nyúló órákra esik, reggelente nehezebben indul be.
- Hallás után tanul könnyebben.
- Erőoldala a jobb. Bal oldala a szellemileg vezető, gesztikuláló oldal.
- Optimális testtartását és könnyebb légzését a lapos, rugalmas talpú lábbeli segíti elő, ami egyúttal tehermentesíti a gerincét is.
- A kellemes meleg, párás klíma a legkedvezőbb számára.
- Folyadékigénye nagy, szüksége van meleg levesekre, teákra, ásványvízre, de az étkezések között, nem étkezés közben!
- Érzékeny a hidegre, különösen a lába és a háta. (Nem ritkán zokniban is alszik.)
- A napi két-háromszori alapos étkezés biztosítja számára a megfelelő energiaellátást.
- Szüksége van állati zsiradékra és vajra, valamint sok fűszerre, mert jót tesz a meleg zónában található emésztőrendszerének és egyúttal fokozza folyadékigényét is.
- A növényi zsírok és olajok, az édesség, a túl sok szénhidrát és a hideg ételek és italok károsak számára.

# LUNAR / BELÉGZŐ ajánlott táplálkozása

**Fontos:** kétszeri-háromszori alapos, savakban, ásványi anyagokban gazdag étkezés, semmi ne legyen hideg, sok folyadék, meleg levesek

| Italok | | | Zöldség - Gyümölcs | | | Fehérjék, zsírok, szénhidrátok | | | Fűszerek |
|---|---|---|---|---|---|---|---|---|---|
| Jó | Néha lehet | Káros | Jó | Néha lehet | Káros | Jó | Káros | Néha lehet | Jó: |
| sok | zsírosabb | szemes | sárgarépa | meggy | káposzta- | rozs | fehérlisztből | rizs, gríz | pikáns |
| folyadék | tej | kávéból | karalábé | cseresznye | félék | kukorica | készült | tészta | fűszerezés, |
| az étkezések | száraz | készült | burgonya | szilva | hüvelyesek | fekete, | kenyerek és | savanykás, | bors |
| között | fehérbor* | kávé* | zeller | barack | spenót | savanykás | pék- | gyümölcsös | mustár |
| | pezsgő* | zöld tea | karfiol | zöldbab | spárga | kenyér | sütemények | sütemény, | torma |
| almalé | fekete tea* | édes üdítők | kukorica | zöldborsó | | vaj | zsírszegény | tejszínhab- | csípős |
| narancslé | | vörösbor* | kelbimbó | paradicsom | | állati zsírok | túró | bal | fűszerek, |
| citromlé | | sör* | brokkoli | | | szalonna | főtt húsok | | hagyma |
| grapefruitlé | | hideg italok | uborka | | | sonka | főtt halak | | fokhagyma |
| ásványvíz | | direkt a | retek | | | sült, füstölt | méz, cukor | | |
| répalé | | hűtőből | hagyma | | | húsok, halak | növényi | | |
| tejszín | | | savanyított | | | disznóhús | zsírok | | |
| kecsketej | | | uborka | | | marhahús | növényi | | |
| | | | alma, körte | | | bárányhús | olajok | | |
| | | | citrom | | | füstölt | margarin | | |
| | | | narancs | | | felvágottak | | | |
| | | | grapefruit | | | tükörtojás | | | |
| | | | eper, málna | | | sült tojás | | | |
| | | | kivi, ribizli | | | juhsajt | | | |
| | | | papaya | | | kecskesajt | | | |
| | | | rebarbara | | | sok meleg | | | |
| | | | | | | leves | | | |

*=élvezeti cikk

62

| LUNAR / BELÉGZŐ csecsemők és kisgyermekek számára |
|---|
| **Fontos: Ne erőltessük a gyakori evést, jelzi ha éhes. Melegen, ne forrón kínáljuk neki a táplálékot. Az italokat is célszerű pár percre meleg vízbe állítani, hogy langyosak legyenek. A babavizet is.** |
| **Az étkezések között kínáljuk őt gyakran vízzel. A későbbiekben már nem szükséges langyosítani, a szobahőmérsékletű italok is megfelelőek.** |
| Ameddig csak lehet, anyatejre van szüksége. A Belégző baba általában hosszabb ideig igényli az anyatejet, 8-10 hónapos koráig, néha még tovább is. |
| 1 éves kortól lassan vegyes táplálkozásra kell irányítani őt. A baba igényeit kell figyelembe venni. Gyakrabban szomjas, babavizet kaphat, de soha ne hidegen. |
| Az anyatej mellett felforralt tej is adható Az aludttejet is kedveli, kecsketejet is kaphat. Jöhetnek a meleg gyümölcsteák, azután az almalé, citromlé, répalé, eperlé. |
| A málnalé 2 éves kor után adható. Ekkor már fogyaszthat tejjel és vajjal készült krumplipürét. Néha tojássárgáját is keverhetünk bele. |
| Pár csepp citrommal ízesített banán- és almapürét kaphat már. A karalábépürét is szeretni fogja, pici vajjal. Szívesen eszik kevés vajjal készített tojásrántottát. |
| Nagyszerű vitaminforrás számára a finomra reszelt, eleinte turmixolt répa és alma együtt, pár csepp citrommal. Később a kukoricalisztet is bekerülhet az étrendjébe. |
| A Belégző gyermek elég korán kezd darabos táplálékot fogyasztani, és előszeretettel eszi meg a citromszeletet, úgy ahogy van. |
| Fontos: Az édes italok, spenót, hüvelyesek károsak számára. A növényi zsírok és olajok, margarinok, fehér lisztből készült ételek kerülendők. |

A Lunar egészsége számára legártalmasabb négy dolog:

- A szemes kávéból készült kávé. Néha lehet, de a gyakori kávéfogyasztás komoly károkat okozhat a szív- és érrendszer területén. A tapasztalatok azt mutatják, hogy a szívelégtelenségben szenvedő betegek túlnyomó része nagyon sok kávét fogyaszt. (Ha feltétlenül szükséges a „gyors" felfrissülés, egy csésze fekete tea kevésbé ártalmas.)
- A nikotin. Mivel a Lunar aktívan veszi a levegőt, az mélyebben behatol a tüdőbe, így nagyobb károkat okozhat az oda bekerülő kátrányanyag.
- A hideg italok direkt a hűtőből *hűtősokkot* okozhatnak a meleg zóna gyomor és a bélrendszer számára (gyomor-, bélhurut, gyulladások).
- A rendszeres édesség- és szénhidrátfogyasztás cukorbetegséghez vezethet és károsíthatja a limbikus rendszer működését is (vese, mirigyek, nyirokrendszer). Ráadásul még el is hízunk tőle.

Pihenésképpen leírnék néhány, a Lunar étkezésével kapcsolatos esetet:

– Régebben a szomszédomban lakott egy fiatal pár. Kisfiuk (Lunar) az etetőszékben ült éppen, nyolc-tíz hónapos lehetett. A fiatal apuka demonstrálni szerette volna, hogy az ő kisfia már mennyi mindent eszik. A bébiételes üvegen az állt: spenót. Az első kanálnál a kisfiú még gondolkodott. A másodikat pedig gondolkodás nélkül beleköpte az előtte térdelő édesapja arcába (sok Lunar gyermek szülei számoltak be hasonló esetekről). Popeye biztosan nem Lunar volt! (Az 1960-as, '70-es évek népszerű rajzfilmfigurája ugyanis imádta a spenótot.)

– Egyik énekvizsgánk alkalmával hegedűn közreműködött egy hallgató. A lány (Lunar) soha nem késett el a próbákról. A főpróbán azonban félóra késéssel esett be az ajtón: „Mindenkitől bocsánatot kérek! A próba után még hegedűórám is lesz, a menzán pedig ma tejberizs volt. Gyorsan elmentem enni valami „rendes kaját”, mert én így nem tudok hegedülni!”

– Vidékről vonattal utaztunk egy kolléganőmmel Budapestre. A hosszú, nehéz nap után az étkezőkocsiban vacsoráztunk. Ő kért egy „jó hideg sört” is. Évek óta panaszai voltak, gyomorhurut és -gyulladás gyötörte. Fájdalomcsillapítókon élt, de nem mondott le a számára káros hideg italok fogyasztásáról. Pedig ő Lunar volt. (Ki érti ezt?)

Természetesen mindkét táplálkozási táblázat ajánlás, és nem szentírás. Szabad néha „vétkezni”, de rendszeresen valóban nem érdemes, mert komoly károkat okozhatunk a gyomornak és az emésztőszerveknek.

Az étkezéssel kapcsolatosan engedjenek meg még néhány gondolatot!

Az évtizedek során általam vizsgált tesztalanyok között meglepően sok volt a már fiatal éveiben komoly beteg. Ez ugyancsak elgondolkodtató. A világhálón egymást követik az újabb és újabb táplálkozási trendek, divatos diéták és fogyókúrák. Szinte mindenki mindent kipróbál. Pláne, ha erre egy a képernyőről ismert *celeb* invitálja.

Ki figyel oda arra, hogy a testünk (a lelkünk temploma!) mit szól mindehhez? Pedig a test jelez az ételek-italok elfogyasztása után, néha nagyon is egyértelműen! Felfújódunk, állandóan változik a székletünk állaga – hol túl híg, hol túl kemény. Rossz a közérzetünk, émelygést vagy enyhe hányingert érezhetünk némely étel vagy ital elfogyasztása után. Fájhat a fejünk is. (Erre ma mindenki azonnal rávágja, hogy nem iszunk elég folyadékot! A Lunarnak lehet, hogy jó ez a tanács, de a Solarnak már nem biztos.)

A rossz közérzet, a fáradtság, esetleg hányinger vagy a gyomor különféle fájdalmai jelzések a szervezet részéről. Figyelmeztetés, hogy valamit rosszul csinálunk.

Ezerféle pirula és tinktúra áll rendelkezésünkre, hogy elnyomjuk ezeket a természetes reakciókat, de az okokat ezzel nem szüntetjük meg.

Rendszeresen figyelmen kívül hagyjuk testünk tiltakozását, mintha nem is a miénk lenne.

Csak akkor kapunk észbe, amikor az évtizedekig tartó önpusztítás súlyosabb következményeivel szembesítenek bennünket. Ekkor már mindent megtennénk azért, hogy ne következzen be az elkerülhetetlen, miszerint már csak hónapjaink vannak hátra...

Most őszintén! Nem elgondolkodtató ez az egész?

A „szeretem" rabjai vagyunk, és ez sokkal fontosabb számunkra, mint az, hogy a testünk mit szól mindehhez. Higgyék el, nem túlzok.

Súlyos beteg felnőtt emberek szájából hangzanak el ilyen és hasonló mondatok:

„Meg is halnék négy-öt kávé nélkül!" (Lunar – volt már infarktusa!)

„Nem fogok lemondani a jó kis házi kajákról. Szeretem, és kész"! (Solar – kettes típusú, túlsúlyos cukorbeteg.)

„Imádom a meleg leveseket, nem érdekel, hogy jó-e nekem!" (Ugyancsak Solar, aki évek óta gyomor- és bélproblémákkal küzd!)

Természetesen mindenkinek joga van úgy élni, ahogyan szeretne. Miért történik meg mégis újra meg újra az, hogy amikor valóban nagyon rosszra fordul a helyzet, akkor hirtelen észbe kapunk, megijedünk, és azon csodálkozunk, hogy már nem lehet visszafordítani a folyamatot? Hát ilyenkor hol van az Isten? Hiszen nem segít! Hajlamosak vagyunk minden felelősséget elhárítani, de a tükörbe nem nézünk szívesen. Egy alkalommal nagyon „felhúzott" engem – ahogy a tanítványaim mondanák –, egy idősebb, nagyon rossz állapotban lévő férfi, aki segítségért fordult hozzám. Szidta az orvosait, tehetetlenséggel és hozzá nem értéssel vádolta őket, pedig a tőlük kapott tanácsok számára nagyon is helytállók voltak.

Az egész szervezete tele volt már tumorral (Solar), mégis azt taglalta jóízűen, hogy ezt és azt az ételt ő milyen zsírral szokta elkészíteni...

A lényegre, hogy mit lehetne még tenni, oda sem figyelt. Feladtam.

Egy kis papírra leírtam a következő mondatot:

„Tisztában vagyok azzal, hogy egyedül én vagyok felelős az egészségi állapotomért, senki nem segíthet rajtam, mert nem hagyom!"

– Itt írja alá, kérem! – toltam az orra elé a papírt. Döbbenten nézett rám. Soha többé nem láttam őt. Két hónappal később hallottam, hogy meghalt. Amióta alaposabban ismerem a kétféleképpen jó étkezést, sajnos már 10–12 hasonló esettel is találkoztam.

Senkit nem áll szándékomban megbántani, de gyakran nem értem az embereket. Azt figyeltem meg, hogy akik semmit vagy alig valamit tesznek az egészségükért, ők panaszkodnak leginkább az egészségügyre és az orvosokra.

A Solar „kicsi emésztőtüzének" zsírszegény, lúgos táplálkozásra van szüksége a zavartalan működéshez. Sokan közülük regélni tudnának a „nagy zabálások" utáni, esetenként több napos kínlódásról vagy rossz közérzetről.

Gyakran azzal mentegetik magukat, hogy: „Már csak a szemem kívánta!" Tudják mit? Egy hét múlva kezdődik minden elölről. ( Sokaknál!)

Az öreg indiaiak pedig azt tanítják, hogy a Napétkezés (Solar) maga a természetes vegetarianizmus. Milyen igazuk van! A több ezer éves megfigyelések és tapasztalatok nem véletlenül igazolódnak be napjainkban is, mi pedig még mindig azon vitatkozunk, hogy az ősember hússal vagy inkább magvakkal és növényekkel táplálkozott-e. Valószínűleg az egyik inkább ezzel, a másik pedig azzal!

Szerencsére sokan vannak, akik szükség esetén türelmesen és kitartóan átállnak a számukra egészséges táplálkozásra. Ők arról számolnak be, hogy a szervezetük egy idő után már „nem kéri" a régen annyira imádott (de káros) ételeket, italokat. A Solar általában a zsíros, fűszeres ételek kapcsán, a Lunar pedig a tésztafélék és édességek esetében tapasztalja ezt.

Valaki azt kérdezte tőlem, hogy vizsgálatok nélkül honnan lehet tudni, hogy „belül" egészséges-e a szervezetünk.

Valami hasonlót válaszoltam, és remélem, hogy nem állok messze az igazságtól:

Ha a vizeletünk világos színű és átlátszó, a székletünk se túl kemény, se túl híg, és ha nyugodtak és derűsek vagyunk (és van humorunk!). Főként önmagunk gyengeségeivel kapcsolatosan lenne szükségünk felszabadító, jólesően önkritikus humorra. Nem kell szentnek lenni, elég, ha legalább néha-néha kicsit belátóak vagyunk!

Ki vigyázzon ránk, ha mi magunk nem tesszük?

A Solar-Lunar táplálkozási táblázatokkal kapcsolatosan felhívnám a figyelmüket arra, hogy *dr. Charlotte Hagena* leírja a csecsemőknek és kisgyermekeknek megfogalmazott ajánlásait is, melyek mögött sok évtizedes megtapasztalás és megfigyelés áll.

Mi ez, ha nem felelősségvállalás közel ötven év tapasztalatainak birtokában?

Őszintén bevallom, hogy annak idején ez az egyenes és korrekt felvállalás győzött meg engem leginkább arról, hogy érdemes magam beleásni ebbe a megfigyelő-elemző-rendszerező munkába.

Soha, egy pillanatra sem bántam meg!

# A Belégző/LUNAR egészséges testtartásai

## FEKVÉS

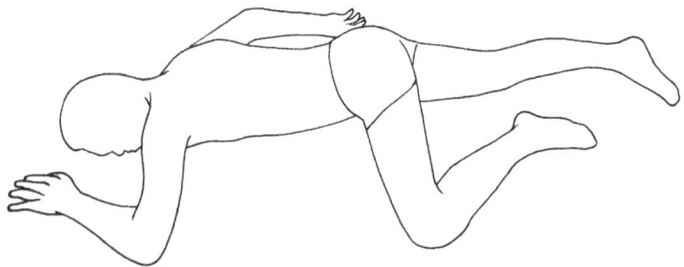

A fekvés, alvás a Lunarnak puhább, rugalmasabb, esetleg memóriahabos matracon a legpihentetőbb, ahogyan már említettük is.

Vizsgált személyek csoportjai igazolták vissza, hogy a túl kemény fekvőhelyen mindenük megfájdul, és egész éjszaka nem tudnak pihenni.

A Lunar férfi a leggyakrabban a hátán, a nő *hason, balra fordulva* alszik el (ábra), de amikor éjszaka felébred, a legtöbbször ő is a hátán találja magát. Csak figyeljék meg!

A Lunar teste „tudja", hogy ebben a testhelyzetben képes a legkisebb energiaráfordítással lélegezni (=pihenés)! Az ideális az lenne, ha a Lunar a hátán is aludna el. Sokakat a horkolás tart vissza ettől a testhelyzettől, főleg a hölgyeket, de a test álmában ezt „nem tudja", ezért nagyon gyakran a hátára fordul.

Egy *sötét,* de legalábbis félhomályba burkolódzó szoba, ahol teljes a *csend*, biztosítja a Lunarnak a valódi pihenést.

(Szűkülő, hideg zónába eső szemét ugyanis zavarja a fény.)

Ő az, aki vendégségben megállítja az ingaórát, vagy a ketyegő vekkert bedugja egy fiók mélyére. A ritmikusan ismétlődő zajok, bármilyen kicsik is, nem hagyják őt pihenni. A füle, hallása nagyon éber és érzékeny.

A Lunar kellemes pihenését, nyugodt alvását a könnyű, meleg paplan biztosítja leginkább. Ma már ezekből óriási választék áll rendelkezésre. Ha gyapjúból vagy pamutból készült, még kellemesebb pihenést biztosít. Ezek melegítenek a legtermészetesebb módon, és még szellőznek is.

## ÜLÉS

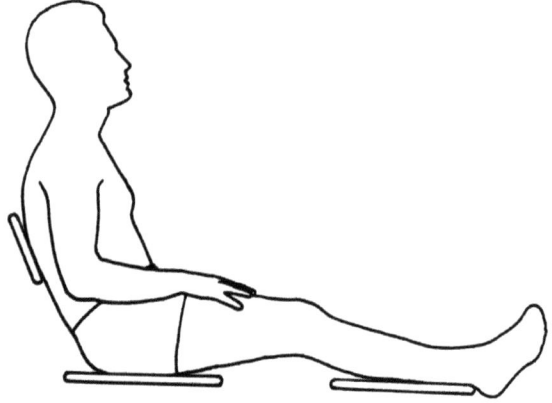

Az **ülés** a Lunar számára csak akkor kényelmes, ha kissé görnyedt háttal egy szék vagy fotel támlájához dőlhet (ábra). Említettük már, hogy a Lunar derekára fölösleges terhet ró a „szálegyenes" ülés.

Ha teheti, szívesen fölteszi a lábát valamire. Jólesik neki, ha mindkét lábát föltheti és kinyújthatja, de a jobb lábnak, az erőoldalnak mindenképpen gyakran szüksége van erre a kiegyenlítő, regeneráló pozícióra.

A Lunar testében az energiaáramlás akkor működik zavartalanul, ha ízületeit gyakran kinyújthatja. Ezért is szeret olyan pozícióban ülni, amikor két tenyere a széken, a combja mellett van, és a két könyöke nyújtott helyzetben lehet. Általában elmondható, hogy az egészséges Lunar öntudatlanul is keresi azokat a testhelyzeteket, amelyekben ízületeit (térd, könyök) kinyújthatja. Neki találták ki a lábzsámolyt.

Hosszú autóutak során törekedjen arra, hogy kényelmesen, kissé nyújtva legyen keze-lába. Ha enyhén hátradönti az ülést és fejét kissé fölemeli, ebben a testhelyzetben képes hosszabb ideig koncentráltan autót vezetni. Órákig tartó vezetés esetén pedig érdemes egy-két pihentető szünetet beiktatnia, hogy átmozgathassa kezét-lábát.

Az ülőmunkát végző Lunarnak (is) nagyon fontos a megfelelő ülőhelyzetet biztosító szék, és a számítógép monitorának helyzete.

Ne kelljen órákon át lehajtania a fejét, mert az ő feje nem csak a folyadékhiány miatt, de a típusellenes, rossz fejtartás miatt is fájhat.

Kedvező számára, ha az arcára szemből jön a friss levegő (hideg zóna). Ez a babákra is igaz. Nem hideg levegőre gondolok, hanem friss, oxigéndús levegőre, kellemes szellőre.

A rendszeresen ülőmunkát végző Lunar jól teszi, ha időnként szüneteket iktat be a munkavégzés közben, hogy kissé átmozgassa magát. Ezzel elejét veheti a gerinc károsodásának is. A munkahelyén kívül azért is fontos, hogy rendszeresen végezzen valamilyen sporttevékenységet a szabadban, mert ez nem csak teste nagyobb mozgásigényét elégíti ki, de gondoskodik a vér oxigénellátásáról is. A Lunar aktív levegővétele nagyobb mennyiségű oxigénnel látja el a szervezetet, amire a Lunarnak nagy szüksége van.

A szabad levegőn kerékpározás, nagy séták, kirándulások, esetleg kocogás vagy valamilyen labdajáték is ideális lehet ebből a szempontból.

## ÁLLÁS

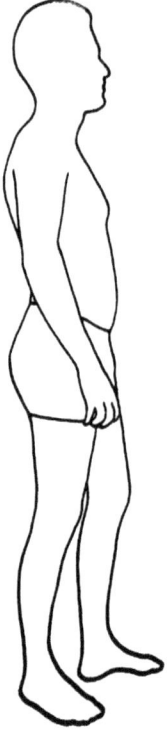

Ez az egyetlen testhelyzet, amelyben a Lunar dereka fölött **homorulat** van (ábra).

Ebben a helyzetben a mellkas teljes szélességében szabad, ezért jól érvényesülhet a levegővételkor a mellkas számára elengedhetetlenül fontos tágulás. Említettük, hogy a Lunar aktívan veszi a levegőt, ami kinyitja a bordákat és kissé kitágítja a mellkast. Összességében elmondhatjuk, hogy valamennyi testhelyzet akkor mondható optimálisnak mindenki számára, ha lehetővé teszi a szabad, akadálymentes, könnyed légzést.

A Lunar jól teszi, ha álló helyzetben kissé a „sarkára áll". Ezért van szüksége lapos, rugalmas talpú cipőre, ami lehetővé teszi ezt az állóhelyzetben egészséges testtartást. (Ő az, aki inkább a cipői sarkát koptatja el.)

Azt is jól teszi, ha nehezebb táskát vagy terhet a jobb kezében vagy vállán cipel, mivel az az erőoldala. Több olyan esettel találkoztam már, amikor a gyengébbik oldal túlterhelése gerincferdüléshez vezetett. (A Lunar gyengébbik oldala a bal.) Ebben az esetben tanácsos a cipekedést teljesen tudatosan átállítani a test erősebbik oldalára (kéz vagy váll). A gerinc így lassan visszaáll a számára egészséges pozícióba. Az érintettek nyugodtan próbálják ki önmagukon. Segíteni fog, és nem kerül semmibe.

## JÁRÁS

A Lunar fürge, kisebb léptekkel megy. Járása akkor zökkenőmentes, ha először a sarkával érinti meg a talajt, ezt követően gurul végig a talpon a test. Azért sem visel szívesen magas sarkú cipőt, mert ez a jóleső, talpon történő átgördülés csak rugalmas, lapos talpú cipőkben lehetséges. Hegyre, dombra fölfele menni vagy lépcsőzni nem szeret. Ha ez mégis szükséges, akkor nyugodtabban, lassabban kell fölfele közlekednie, valamint ügyelnie kell arra, hogy gyakrabban vegyen levegőt.

A Lunar számára egészséges testtartásokkal kapcsolatosan megemlítenék két esetet.

– Amikor hazajöttem Németországból, az első betegek egyike egy fiatal nő, Lunar, vagyis aktív belégző volt, akit orvos küldött hozzám. Kicsi volt, kissé molett testalkatú. Nagyon magas sarkú cipőket viselt (saját bevallása szerint is így szeretett volna magasabbnak és kicsit karcsúbbnak látszani). Gyakori fejfájásra panaszkodott. A számára jó légzőgyakorlatokat gyorsan elsajátította, később arra is rá tudtam venni őt, hogy kezdjen el rugalmas talpú, lapos lábbeliket viselni.

„Abban én hanyatt fogok esni!" – mondta a kezdetekkor.

Ma már el sem tudja képzelni, hogy magas sarkút viseljen. A régebben még gyakori fejfájásai is megszűntek.

– Lunar ismerősöm panaszkodott, hogy sűrűn fáj a háta és a dereka. Kértem, mutassa meg, hogy általában milyen testhelyzetben ül. Kiderült, hogy gyermekkorában a szülei, most meg a férje szól rá minduntalan, ha nem ül teljesen egyenesen (utánanéztünk, édesanyja és férje is Solar). De a Lunar gerincének nem tesz jót az egyenesen ülés! Főleg ha hosszabb ideig kell ülnie.

Miért van az, hogy hajlamosak vagyunk mindenkire ráerőltetni azt, ami nekünk jó, vagy amit mi jónak tartunk? Ami az egyikünknek jó, az a másikunknak akár árthat is!

Most szeretnék egy-egy kellemes, a típusnak megfelelő, regeneráló légzőgyakorlatot megosztani önökkel.

# Regeneráló légzőgyakorlat – Kilégző/SOLAR

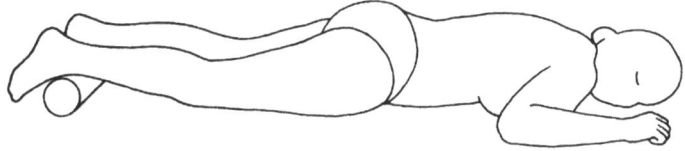

Feküdjön le a szőnyegen egy plédre az ábrán látható módon. A boka alá helyezendő hengerpárnát helyettesítheti egy szorosan összetekert, összekötött pléd is. A hengerpárna lehetővé teszi a boka ellazulását, egyúttal a derék fölött is feszültségmentes testérzetet biztosít.

A két lazán összezárt kéz a fül magasságában pihen. A fej a jobb kéz felé fordul, kissé lehajtva.

Most fújja ki a levegőt egy SZ hangzón, halkan kezdve, majd fölerősítve. Maradjon 4–5 másodpercig ebben a „kipréselt" állapotban, majd orron-szájon át lassan, türelmesen (ha lehet, hangtalanul) ENGEDJE BE a levegőt. Tart, ameddig tart!

Hagyjon időt a levegő beáramlására, önnek csak a KIFÚJÁSSAL kell foglalkoznia, a beáramlásnak magától (passzívan!) kell megtörténnie. Ismételje meg ötször-hatszor a gyakorlatot!

Észre fogja venni, hogy a lassan, kényelmesen beáramló levegő szinte megemeli a derék táját. Amikor ez a szabad levegőbeáramlás befejeződött, AZONNAL kezdheti a gyakorlatot elölről. Az aktív KIFÚJÁS segít megszabadulni a fölösleges szén-dioxidtól! A Solarnak pedig pontosan erre van szüksége!

A Solar gyerekek még képesek arra, hogy a levegőt az orrukon fújják ki, és orron-szájon engedjék be. Ön is megpróbálhatja! Valamelyik televíziós reklámban nagyszerű úszónőnk, Hosszú Katinka alulról látható, ahogyan az orrán keresztül fújja ki a levegőt a vízbe. Igazi Solar-légzés az övé!

# Regeneráló légzőgyakorlat – Belégző/LUNAR

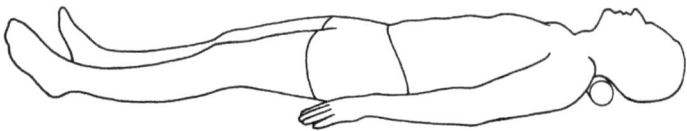

Puha, rugalmas matracon vagy ágyon feküdjön a hátára. A tarkója alá tegyen egy összetekert törölközőt, de ne túl nagyot (ábra). Fontos, hogy az arc a plafon felé nézzen. A két kéz tenyérrel lefelé, nyugodtan fekszik a test mellett.

Most orron át szippantson egy kis levegőt, 3–4 másodpercig tartsa meg a mellkasban, azután lassan, hangtalanul hagyja orron–szájon át kiáramlani. Nagyon fontos! A kis szippantásoknál a has köldök alatti része *nem emelkedik meg*, hiszen ez a testrész a Lunarnál hideg, **szűkülő** zónába esik.

Tudom, hogy ezt nyugodtan át kell gondolni, hiszen legtöbbünket az úgynevezett „hasi" légzésre tanítottak, ami a Lunar esetében nem természetes, hiszen nála a levegővétel során nem a has, hanem a mellkas tágul. Ezért akár káros is lehet a Lunarokat még ma is hasi légzésre tanítani!

Annak érdekében, hogy a has alsó része ne emelkedjen meg, eleinte segítségünkre lehetnek a kisebb szippantások. A Lunar teste hamar megszokja ezt a légzést, mert jólesik neki a mellkast aktívan, de nem erőszakosan tágító gyakorlat. Szinte masszírozzák a szív táját a táguló-szűkülő mozdulatok. Amikor a has már egyáltalán nem emelkedik meg a kis szippantások során, lehet egy kicsivel nagyobbat szívni, és tovább bent tartani a levegőt. A levegő kiengedése tőlünk függetlenül, vagyis passzívan történjen. Ehhez el kell engedni a belégzést végző izmokat! A Lunarnak az aktív levegővétel a plusz oxigénfelvétel miatt is fontos!

Érdemes akár nyolc-tízszer is ismételni a gyakorlatot, mivel jólesően harmonizálja a légzésben részt vevő izmok egészséges összmunkáját.

Azt figyeltük meg az évtizedek során, hogy a rekeszsérvvel megbetegedettek elsősorban azok közül a Lunarok közül kerülnek ki, akiket a számukra nem megfelelő – hasi – légzésre tanítottak! A legtöbben nem is tudják, hogy rekeszsérvük van, hiszen erre senki sem gondol! Pedig a gyakori hasi és gyomortáji fájdalom utalhat akár rekeszsérvre is!

A jó légzés jelentőségéről már évszázadokkal ezelőtt is sokan tettek említést.

Képzeljék csak, Goethe egyik versében így ír:

*„A levegővételben kétféleképpen van áldás:*
*A levegőt beszívni, azután elengedni,*
*Az egyik szorongat, a másik felfrissít.*
*Milyen csodálatos elegye ez az Életnek!*
*Köszönd Istennek, ha téged összeszorít,*
*És köszönd, amikor újra elenged!"*
(West-östlichen Divan – saját fordítás)

Pontosan leírja a légzés aktív-passzív fázisainak a kétféle érzetét az 1750-es években!

Miért is olyan fontos a lehető legoptimálisabb légzés? Azért, mert minden a testben végbemenő folyamat erre épül. Az izmok „emlékeznek". A nekünk jó légzés gyakorlásával a folyamatban résztvevő izmokat számukra világos, érthető, és főleg zökkenőmentesen zajló összmunkára szoktathatjuk. Egészséges, optimális légzés nélkül nincsenek teljesen egészséges élettani folyamatok sem. A kiemelkedő teljesítményekről nem is beszélve. Legyen az éneklés, sok beszéddel együtt járó tevékenység, vagy bármilyen sporttevékenység.

A rutinhoz, a megszokotthoz való ragaszkodás valószínűleg nem más, mint a kudarctól vagy a vereségtől való félelem. A fejlődés az élet bármely területén ezért volt mindig a bátraknak köszönhető.

Kedves Olvasó!

Az évtizedek során gyakran hallottam ilyen és ehhez hasonló megjegyzéseket:

„Nehogy már kétféleképpen lehessen lélegezni meg gyógyítani!"
Miközben az árapály jelenséget elfogadtuk létezőnek (pedig soha senki sem mérte meg, vagy bizonyította „tudományosan"), kételkedünk abban, hogy ugyanazok a magnetikus energiák (Hold-Nap) az emberre és tulajdonságaira is hatást gyakorolhatnak. Pedig sokan vannak, akik teliholdkor nem tudnak aludni. (?)

Az miért nem zavar bennünket, hogy mindenkit ugyanúgy próbálunk kezelni vagy gyógyítani? Van, akinél sikerrel jár a próbálkozás, de van, akinél nem. Bele sem gondolunk abba, hogy vajon ez a kétféle reakció milyen okokra vezethető vissza? Igaz, sokkal kényelmesebb elfogadni a „nem mindenkinek tudunk segíteni" alapállást, mint új utakat és lehetőségeket felkutatni és kipróbálni.

Régebben nagy vita volt az eddig leírtakkal kapcsolatosan az interneten egy ismeretlen férfi és egy a témában jártas idősebb hölgy között. A férfi véleménye szerint nevetséges azt állítani, hogy ránk, a kis porszemekre is hatással lennének a Nap és a Hold magnetikus energiái. A hölgy erre azt kérdezte: „Uram! Mit gondol a gravitációról?"

Ami engem illet, biztos vagyok abban, hogy ezek a felfedezések és a bennük rejlő lehetőségek új utakat nyithatnak meg mindnyájunk számára. Könnyen beszélek, hiszen én már évtizedek óta ismerem és hasznosítom ezeket a nagyszerű felismeréseket. Csak annyit szeretnék még hozzáfűzni ehhez a témához, hogy ha bárki felfedezne bármilyen más okokat vagy összefüggéseket, amelyek további, esetleg még világosabb magyarázattal szolgálnának a kétféle reakciók megértéséhez, szeretném azt az elsők között megismerni. **Bárhogy is fogják majd nevezni!**

Lenne itt még valami, ami megkeserítheti sokak életét, és valószínűleg nem is tudják, hogy miért.

## A nem nekünk való foglalkozás

Már a gyermekeink megfigyelése és megismerése közben gondolnunk kell arra, hogy a későn kelő – későn fekvő Lunar másféle munkavégzésre termett, mint a nyugodtabb, statikus, korán kelő Solar.

A lehetőségek tárháza végtelen. A gyermeket azonban gyakran „terelik" a szülők az úgynevezett „jól kereső" szakmák irányába, abban a hitben, hogy így az élete majd könnyebb és boldogabb lehet.

Egy könyvre való esetet írhatnék le a félresikerült szakmaválasztásokról, és azok következményeiről.

Nem a véletlen műve, hogy sokan túl az ötvenen vágnak bele egy teljesen új foglalkozásba. (Végre azt csinálhatják, amit ők szeretnének, és amitől boldognak érzik magukat.)

Ne erőltessünk tehát semmit egymásra, sem a gyermekeinkre. Segíthetünk választani, de mindig a gyermek egészsége és elégedettsége legyen a legfontosabb szempont. A szülő ezzel már jobban tisztában lehet, mint a gyermek.

Tudnunk kell, hogy a Lunarnak nem szerencsés olyan foglalkozást választania, melynek gyakorlása során rendszeresen nehezet kell emelnie. A fizikai munkavégzésnél a vér az alsótestbe és az arc-nyak területére koncentrálódik, ami a Lunar esetében hideg testzónában található. Vagyis a rendszeresen végzett fizikai munka mindig a neki rossz testrészekbe irányítja a vért, ami a Lunar esetében betegségekhez vezethet.

Számára a nem túl korai keléssel összeköthető, sok mozgással, nyüzsgéssel, esetleg utazással járó munkaterületek a legkedvezőbbek.

A Solar sokkal jobban viseli a fizikai munkavégzést és az ülőmunkát is. Pályaválasztásnál mindig figyelembe kell venni az egyén természetes alvás-ébrenlét ritmusát, dinamikus vagy statikus típusát, és azt, hogy a választandó hivatást gyakorolhatja-e a neki jó testtartások figyelembe vételével. Mindkét típusra szüksége van a munkaerőpiacnak!

Életformánk kialakítása nagyrészt rajtunk múlik. Nem lehet mindent a pénzhiányra vagy a főnökünkre fogni. Érdemes fontolóra venni, hogy olyan munkát vállalunk-e, amiben örömünket is leljük, vagy alig várjuk, hogy végre leteljen a munkaidőnk. Nem mindegy! Az utóbbiba akár bele is betegedhetünk. Ha ön mégis önként felvállal olyan munkavégzést, melynek gyakorlása során nem érzi jól magát, ráadásul sok fölösleges stresszel is együtt jár, tudnia kell, hogy az így keresett „többletpénzt" sok esetben az egészsége visszaszerzésére kell majd fordítania.

Érdemes mérlegelni, hogy megéri-e...

Az ülőmunkát végzők számára jelenthetne komoly segítséget egy olyan párna használata, amelyet talán sokan még nem ismernek.

Egyik alkalommal a terluszológiai továbbképzésen (20 éve!) jelen volt egy bútorasztalos fiatalember. A barátja kávézójába készített Solarok és Lunarok számára optimális székeket és padokat, melyek kelendőségét ott helyben tesztelhették is. Megfigyelték, hogy a Solarok szívesen ültek támla nélküli padon, míg a Lunarok inkább a háttámlás székeket választották. Akkor találkoztam először az **ékpárna** használatával. Egy körülbelül 10 centiméter vastag párnáról van szó, ami egyik végén 1–2 centiméter, a vele szemben lévő végén pedig 10 centiméter vastag. (Láttam az interneten hasonló párnákat, de egyik sem volt olyan vastag az egyik végén, mint az általam ott megismert fajta.)

A Solar testtartásának kedvező, ha az egyenes felületű szék elején van a párna vékonyabbik széle, a vastagabbik pedig a szék támlájánál. Ez elősegíti, hogy a Solar a szék elején üljön, és ne támaszkodjon hátra.

A Lunar esetében az ékpárnát fordítva kell használni: úgy, hogy az ülőfelület a szék támlája felé lejtsen. A párna így kényszeríti a rajta ülőt, hogy a háta a szék támlájához érjen.

Kinek-kinek a neki jót! Nagyon jó ötlet, napokon át teszteltük az ékpárnát.

Az állandó ülőmunkát végzőknek talán érdemes lenne valamilyen hasonló megoldást találni a gerinc egészségének megőrzése érdekében.

# Gondolatok a szem és a fül kétféle működéséről...

*Hol tartana az élet,*
*Ha semmit nem lenne*
*Bátorságunk megpróbálni...*
(Vincent van Gogh)

Egy amerikai orvos évtizedek óta vizsgálta a **szem** működését. Kutatási eredményei szerint a szemünk is kétféleképpen működik. Van, aki a jobb szemével jobban lát távolra, a ballal pedig közelre. A másik embernél ez fordítva van. (Aki erről többet szeretne megtudni, olvassa el Joan Steen Wilerth: The Senses of Man – Az ember érzékszervei című könyvét.) Az első, általam látogatott terluszológiai szemináriumon erről a témáról is sok szó esett. Hiszen a Solar esetében a szemek a meleg-táguló zónába, a Lunarnál pedig a hideg-szűkülő zónába esnek. Kezelésükről, karbantartásukról már esett szó a Solar-Lunar testzónák tárgyalásánál.

A magam részéről csak megerősíthetem, hogy a **fülünk** is kétféleképpen működik.

A Lunar/aktív Belégző a jobb fülével jobban hall közelre, a ballal távolra.

A Solar/atív Kilégzőnél ez fordítva van.

Solar növendékeimtől gyakran hallottam a Zeneakadémia vizsga- vagy diplomakoncert próbáin a következőt: „Nem hallom a zongorát!"

Érthető, hiszen a Solar a bal fülével hall jobban közelre, a zongora pedig a másik oldalon van. Kérem, próbálják csak ki! Másképpen hallunk, ha az egyik vagy a másik fülünket befogjuk! („A füleden ülsz?" – mondjuk, ha valaki nem hall minket.)

Amikor először találkoztam *dr. Charlotte Hagená*val, a szeminárium szüneteiben sorra tettem fel neki az évek alatt összegyűlt kérdéseimet, hiszen én itthon teljesen egyedül jártam ezt az utat. Így került szóba a szem és a fül kérdése is. A fülünkkel kapcsolatos megfigyeléseim helyesnek bizonyultak.

Elmeséltem a doktornőnek, hogy első berlini éveim idején voltam egy japán énekesnő dalestjén, ahol a megszokottól eltérően a zongora a pódium jobb oldalán állt. A zongorakísérő pedig a közönségnek félig háttal ült. Nem formabontó ötlet volt. Utánanéztem, az énekesnő Solar volt, aki így sokkal jobban hallotta a zongorát. Ezzel együtt nagyon szép, emlékezetes koncert volt.

## Észrevételek, kérdések rendszerezés nélkül...

– Vajon a szem és a fül működésének még alaposabb vizsgálatához, gyógyításához a szakemberek számára a test hideg-meleg zónáinak ismerete nem nyújthatna további segítséget és új támpontokat? Közeli és távolabbi ismeretségi köreimben, akik régebb óta alkalmazzák a hideg vagy meleg arcmosást, valamennyien komoly látásjavulásról számolnak be. Ez nem lehet véletlen.

– Felmerül a kérdés: ha a test többi részén ennyire hatékonynak bizonyul a pozitív-negatív zónák ismerete, miért lenne ez másképpen a koponya esetében? Nem lehetséges, hogy az agyban jelentkező különböző zavarok vagy betegségek kezelésében is új lehetőségek tárulhatnak a szakemberek elé? Hiszen az *Alzheimer-* vagy a *Parkinson-kór* esetében is lehetne aktivizálni a különböző agyi funkciókat a megfelelő hideg-meleg kezeléssel. Az agy daganatos megbetegedéseinél is hasonló lehet a helyzet.

– Tudjuk, hogy régóta léteznek az elektromos áram felhasználásával történő gyógyítás különböző válfajai (ultrahang, balneoterápia, UV, lézer). Azt is tudjuk, hogy a testben mélyebben található szervek nagy frekvenciájú kezelése során a bejuttatott áram hővé alakul. És ha az érintett testrész a páciens hideg testzónájába esik? Előfordulhat, hogy a kezelés ezért nem minden esetben bizonyul hatékonynak?

– Az agykutatással foglalkozók számára nem ismeretlen a Synergy kifejezés, ami az izmok együttműködését jelenti. Említettük már, hogy a légzés folyamatában részt vevő izmok jól összehangolt, görcsmentes működése milyen nagy jelentőségű!

Mi, akik ezzel foglalkozunk, tudjuk, hogy valóban nem egyformán lélegzünk. Mivel az optimális levegővétel a testben minden egyéb működést meghatároz, ezért olyan nagy jelentőségű. Ez minden bizonnyal kihatással van az agy működésére is. Hiszen a levegő maga az ÉLET! Ezért lenne optimális mindenféle gyógyító tevékenységet a kinek-kinek jó légzéssel kezdeni.

Ha már így végigpásztázzuk a terluszológia szemszögéből a fej különböző területeit, ne maradjon ki az *állkapocs* sem. Attól függően, hogy hideg (–), vagy meleg (+) testzónába esik, az állkapocs is másképpen működik. A Lunar esetében a hideg testzónában van, amivel kapcsolatban elmondtuk, hogy a hideg testzónák nem igénylik a sok mozgást, mozgatást. Ide vezethető vissza az is, hogy a Lunar énekesek nem nyitogatják olyan nagyra a szájukat, mert ez nem „természetes" érzés számukra. A Lunar páciensnek a fogorvosi székben eltöltött idő elsősorban azért lehet megerőltető, mert esetenként hosszabb időn keresztül nagyra kell nyitnia a száját, ami az ő állkapcsának nagyon kényelmetlen érzés. (A tisztítás, fúrás közben az idegeket is érintő hideg levegőre pedig nagyon érzékenyen reagál a Lunar meleg zónába eső fogazata!) Jó, ha erről tudnak a szakemberek és az érintettek.

Emlékeztetőül: a Lunar arca-nyaka-tarkója kívül hideg zóna, a száj belül már a meleg zónába tartozik! A határt az ajkak jelentik. Egy kívülre eső herpesz még a hideg zónába esik, de egy a száj belső, nedves részében található afta már a meleg zónában van. Ennek megfelelően is kell őket kezelni. A Solarnál mindez fordítva működik! Az arc-tarkó-nyak kívül meleg (+) zóna, a száj belső része pedig hideg (–) zónában található.

Ha már említettem az énekeseket, itt el kell mondani, hogy a Solar énekes azért nyitogatja nagyobbra a száját éneklés közben, mert neki ösztönösen „nyitogatnia kell", mivel a meleg, táguló zónába eső állkapcsa igényli a sok mozgatást.

Megfigyelték már, hogy vannak embertársaink, akik előszeretettel „rágóznak", amikor és ahol csak lehet? Ők a Solarok! Erre felhívnám a logopédusok figyelmét is, hiszen az állkapoccsal történő munka hatékonysága nagymértékben függhet a hideg-meleg zónák ismeretétől és tiszteletben tartásától. Érdemes erre gondot fordítani.

S ha már így kívül-belül „kiveséztük" a fej környékét, néhány mondatot ejtsünk a nyelvről is! Ennek ismerete is nagy segítségére lehet a logopédus, beszéd- vagy énektechnikával foglalkozó szakembereknek! A nyelv a Lunar esetében, mivel a meleg (+)

zónában található, aktívan, vagyis „mozgékonyan" részt vesz a beszédben és éneklésben (miközben az állkapcsot nem nyitogatjuk szándékosan). A Solar esetében a nyelv nyugodt, hideg (–) zónát képvisel. Őket meg kell tanítani arra, hogy miközben az állkapcsukat nyitogatják beszéd és főként éneklés alatt, a nyelvük maradjon nyugodt!

Ezek a testrészek nem csak nagymértékben befolyásolják a szép és érthető beszédet és éneklést, de a levegő ki-beáramlását is elősegíthetik, vagy éppen gátat szabhatnak a levegő útjának.

Ja! Az *orr* majdnem kimaradt! Ha az ember körülnéz a családjában vagy az ismeretségi körében, megállapíthatja majd, hogy a Solarok azok, akik jóval „érzékenyebbek" a szagokra és illatokra. A Lunar orra nem olyan „éber" ebből a szempontból.

Összességében valóban nagy segítséget jelenthet a zónaismeret, különösen azokon a területeken, ahol hatványozottan jelentkeznek a megoldásra váró problémák.

Német kollégáim, akikkel több, mint harminc éve együtt dolgozunk, nagyszerű eredményeket érnek el az agyvérzést elszenvedett betegek rehabilitációja során. A típusnak megfelelő optimális légzés megtanítása, a megfelelő zónakezelés, és a beteg számára ideális mozgás- és beszédterápia nagyon hatékonynak bizonyul.

Hiszem, hogy nálunk is, ma is születnek olyan kíváncsi és elhivatott kutatók és gyógyítók, akik majd több szempontból is bizonyítani fogják a testzónák ismeretének meghatározó jelentőségét.

Kedves Olvasó!

Távolról sem szeretném azt a látszatot kelteni, hogy az élet valamennyi problémájára, a legsúlyosabb betegségek esetében is egyértelmű megoldást jelenthetnek ezek az önök számára talán még új ismeretek. Mégis azt gondolom, hogy mivel minden mindenre hatással van, nagyon fontos lenne összegezni, elemezni, és végül levonni a tanulságokat valamennyi, az életünket érintő megtapasztalásból. Természetesen ide sorolnám az általam leírtakat is. Ha már világosan látjuk az eddigi módszerek gyengéit, hibáit, akkor talán új utakat és lehetőségeket kellene keresnünk, amelyek előbbre vihetnek minket. Ebben, gondolom, mindenki egyetért.

Sajnos az elménkben még mindig nagy hatalommal bír az újragondolástól, a még ismeretlentől való félelem. Lehetséges, hogy azon az elven működünk, hogy a biztos rossz is jobb a bizonytalanságnál?

Talán mégis most jött el annak az ideje, hogy egy több ezer éves tapasztalatrendszert végre (újra?) integráljunk, és átértelmezzünk mai használatra?

Újra kell tanulnunk odafigyelni, és felfigyelni testünk jelzéseire. Ha ezt nem tesszük meg, bekövetkezhet a szomorú jóslat, miszerint a mai generáció nem lesz hosszú életű. Sokan önmagukról állítják ezt. Letértünk az útról, és elveszítettük a kapcsolatot természetes belső énünkkel. Tudjuk, hogy létezik út vissza önmagunkhoz, csak el kell indulni rajta, és bátran fel kell használni mások bevált tapasztalatait azért, hogy ne pazaroljunk el túl sok értékes időt, mert elkéshetünk a változtatási szándékkal.

„Az emberiség még soha nem volt ilyen boldogtalan, mint most, amikor annyi mindent fölhalmozott..."

(Chekh Hamidou Kane)

De legyünk őszinték! Mi **mindent** akarunk, és semmiről nem vagyunk hajlandóak lemondani. Telhetetlenné váltunk. El sem tudják képzelni, hogy milyen gyakran hallottam a könyv elején szereplő teszt kitöltésekor a következő mondatot:

„Miért kell választani?"

Életünk első 35–40 évét azzal töltjük, hogy leromboljuk az egészségünket. (Azok leszünk, amit eszünk, és ahogyan élünk!) A második 35–40 évet – jó esetben! – pedig azzal kell töltenünk, hogy küzdünk az egészségünk visszaszerzéséért, sok időt és pénzt rááldozva.

Igaz, hogy ma élő idős embertársaink életük több területén is szenvedtek a rájuk erőltetett nevelési szempontok miatt, összességében azonban mégsem éltek át annyi fölösleges stresszhelyzetet, mint a mai fiatalok. Az idősek még beérték kevesebbel is, nem „hajtották" reggeltől estig a pénzt. Nem rettegtek a munkahelyük elvesztésétől, nem halmoztak fel óriási adósságokat sem. Nem igyekeztek ennyire erőn felül szebbnek, jobbnak, okosabbnak és erősebbnek mutatkozni annál, mint akik valójában voltak. Ma pedig ezt várja el tőlünk a világ. (Vagy mi önmagunktól?) Mi a stressz, ha nem ez? Korunk betegsége a tökéletességre való törekvés, bármi áron. Az ár pedig nagyon magas. Belebetegszünk.

*„Az elégedettség a Bölcsek Köve.*
*A szegény ember gazdag vele,*
*A gazdag ember szegény nélküle."*
(indiai közmondás)

Annyi fölösleges dolgot vásárolunk meg, miközben érdemes megnézni, hogy egy kis falu lomtalanításakor mi mindent dobunk ki az utcára. Szinte még hibátlan állapotú kerékpárok, televíziók, mosógépek, több tízezer forint értékű gyermekjátékok kerülnek a kukába egy apró hiba miatt. Nem becsüljük meg azt, amink van, miközben a pénzszerzés kényszere állandó nyomást gyakorol az egész életünkre. Ez a fogyasztói társadalom?

„Azért dolgozom, hogy élhessek. Nem azért élek, hogy dolgozhassak!" – hallottam már több, a világ más tájain élő kollégáimtól. A legtöbben közülük szerény körülmények között, de nyugodtan és derűsen élnek!

Mit látnak mifelénk a mai gyerekek?

Azt, hogy a szülő szinte soha nincs otthon. Ha mégis, akkor legtöbbször fáradt, türelmetlen és ingerült… Hagyja őt békén mindenki!

A gyermeket leültetik a televízió vagy az internet elé, addig is nyugalom és csend van.

Nincsenek közös élmények, nincsenek nagy beszélgetések, séták, közös játékok, vagy mesélés. Higgyék el, nem túlzok.

Sok kisgyermek életéből teljesen hiányzik minden olyan egyszerű – az emberi kapcsolatokat összekovácsoló – élmény, amelyekben a régieknek még részük lehetett. Pedig azok az igazán értékes dolgok, amiket nem lehet megvásárolni! Idő, odafigyelés, szeretetteljes gondoskodás egymásról. Szomorú, hogy mindez már csak ócska közhelynek minősül.

Pedig a pénz nem minden!

Miközben a szülők nagy része igyekszik gyermekének is *mindent* megadni (ezzel komoly károkat okozva a gyermek jellemében), a legfontosabbat gyakran nem kapja meg. Azt a belső békét és biztonságot, amit csak egy harmonikus, nyugodt családi fészek adhatna meg. Csak ebből táplálkozhat majd erkölcsileg és lelkileg is későbbi életében. Csak az otthonról hozott értékrendből fakadhat az ember tartása és ereje a nehéz helyzetek megoldásához vagy elviseléséhez.

Ha a gyermek otthon megértést és elfogadást él meg, azt magával viszi a közösségekbe is, ahova éppen a tanulmányai vagy egyéb tevékenységei révén tartozik. Az egymással törődés és a segítő szándék is a tanulható, tanítható tulajdonságok közé tartozik. A különböző közösségekben a gyermek azt tükrözi vissza, amit otthonról visz magával. Az önzés és nemtörődömség is jelzi azt, hogy a családban hogyan működik az élet. Az ilyen közegben felnövő fiatal nem adja át a helyét a buszon vagy villamoson egy idős, beteg, vagy állapotos embertársának.

A felsőoktatásban is, ahol én is tevékenykedtem, világosan jelzi a fiatal viselkedése és a többiekhez való viszonya, hogy milyen közegből jött. A felnőtt társadalomnak fel kell vállalnia a rá háruló felelősséget! Hiszen példák vagyunk a gyermekeink és a fiatalok számára, akár tudjuk, akár nem, akár tetszik, akár nem. Erre nem ártana gyakrabban gondolni, kedves felnőtt embertársaim!

Az előző gondolatokat azért szerettem volna megosztani önökkel, mert ugyan nem tartoznak szorosan a könyv témájához, mégis úgy gondolom, hogy időről időre nem árt, ha magunkba nézünk és figyelmeztetjük egymást, hogy már jó ideje a rossz irányba haladunk.

Több száz fiatal felnőttel dolgoztam az évtizedek során. Közülük többen megtiszteltek azzal, hogy megosztották velem a gyermekkorból hozott fájdalmaikat, sérelmeiket. Miközben a szülők azt hiszik, hogy a legjobbat teszik a gyermekükkel azzal, hogy csak dolgoznak és pénzt keresnek, hogy mindenből a legjobbat nyújthassák neki, a valóságban teljesen eltávolodnak, elidegenednek egymástól.

Tudják, hogy milyen gyakran hallottam ilyen és ehhez hasonló mondatokat mai 20-30 évesektől?

„Nekem nem is voltak szüleim. Alig láttam őket, nem beszélgettünk soha." „Engem a nagyim nevelt fel, a szüleimet alig ismerem." „Milyennek kellene lenni egy normális családnak? Fogalmam sincs!"

Kedves Olvasó!

Higgye el, nem túlzok. Sőt! Ezek még a mai fiatal felnőttek finomabb kijelentései közé tartoztak. Ezeknél elkeseredettebb és csalódottabb, megdöbbentő megfogalmazásokkal is találkoztam bőven. A test hideg-meleg zónáinak ismerete vagy nem ismerete ehhez képest lényegtelen! Az már csak a hab lehetne a tortán.

## Fiatal szülők figyelmébe ajánljuk...

Az elmúlt évtizedekben sok kisbaba született közeli és távolabbi környezetemben. A terluszológiai ismeretek az iránytű szerepét töltik be sok általam ismert fiatal család életében.

Olykor csöng a telefonom:

„Tanárnő, megszületett Mia, használati utasítást kérünk!"

Miának azóta már van két testvérkéje, és a család élete a szolid anyagi lehetőségek ellenére is rendezett és szeretetteljes.

Mia Solar, két kisöccse pedig Lunar.

A fiatal anyuka, Szilvia pontosan tudja, hogy melyik gyermekének mi jó. A különböző bánásmódot a gyerekek nagyszerűen tolerálják, hiszen ebbe nőttek bele. Szilvi írt nekem egy összegzést, és megengedte, hogy a család mindennapjaiból leírhassak vagy idézhessek önöknek néhány epizódot.

– „A két Lunar kisfiam esetében nagyon kellett vigyázni arra, hogy a medence táján rendben legyenek. Gyakran előfordult, hogy sebes, ekcémás volt a hideg zónába eső popsijuk a pelenka melegétől. Sokat segített egy hideg vizes lemosás, vagy rövid ideig tartó jegelés."

(Megjegyezném, hogy a Lunar kisbaba gyakran leszedi magáról a pelenkát, később pedig a pizsamaalsót. Nem szeretik, ha a popsi tája melegben van. A Solar baba a zoknit tűri nehezen a lábán, mert ő ott nem kedveli a meleget, hiszen a lábacskái hideg zónába esnek.)

– Mia, az ötéves nagylány (Solar) előszeretettel csacsog a szomszéd nénivel a kerítésen át, ősszel is csak egy szál pólóban. A néni gyakran azt jósolja, hogy Mia meg fog fázni, de ez soha nem következik be. Azt azért megjegyzi, hogy akkor Zoli (a Lunar kisöcs) miért van „rendesen" felöltözve? Szilvi erre csak annyit válaszol, hogy neki így esik jól.

– „Ha a gyerekek valamelyike sír, a mellkasomra veszem őt, és addig lélegzem úgy, ahogyan az a kicsinek jó, ameddig meg nem nyugszik. Vele együtt lélegzek, ez mindig segít." – mondja az anyuka.

– Lázas betegség esetén, ha nagy ritkán előfordul, Szilvi a következőket mondja: „Szüleimtől, nagyszüleimtől én is azt tanultam, hogy láz esetén hideg vizes borogatást kell tenni a kis kezekre és lábakra. A Solarnak esetleg, de a Lunar babának ez igazi szenvedés. Nem a láztól ordít, hanem a kellemetlen hideg érzés miatt. Ha nem megy 39 fok fölé a láza, egy kis puha, meleg zokni, vékony sapka jólesik a gyermeknek. Az arcát hideg vizes kendővel gyakrabban át lehet törölgetni. Sok folyadék, és rengeteg alvás a legjobb recept. Ez mindig bevált nálunk."

(Itt újra elmondanám, hogy a Lunar baba gyakrabban lázas, mivel teste legnagyobb felülete meleg zóna. Nem kell megijedni ettől, Szilvi is jó megoldásokat javasol a probléma kezelésére.)

– Miát, a Solar kislányt születése után a nővérek a hátára fektették és nyakig betakarták. Szilvi a hasára fordította a kislányt, és az amúgy is meleg kórteremben csak a derekát takarta be. Meglepődött, amikor másnap az egyik csecsemőnővérke – Szilvi magabiztosságát látva – szó nélkül hasra fektette a babát.

– A két Lunar kisfiú egy másik kórházban született, ahol még nagyobb érdeklődés és kíváncsiság mutatkozott a kórház személyzete részéről Szilvi felkészültségét illetően.

Orvos, szülésznő és védőnő egyaránt kérdések özönét zúdította rá: „Miért húzza be a függönyt, ha a baba nappal alszik?" „Miért nem kelti föl enni a babát?" „Miért törli meg a baba arcát hideg vizes kendővel?" „Miért használ különböző krémeket?"

Rövid idő alatt egyre több szakember fordult meg a szobában. Szilvi nem hagyta, hogy a kisfiút csak azért fölébresszék, mert ennie kell. Egy idő után mindenki belenyugodott abba, hogy Zolika (Lunar) majd akkor eszik, ha felébred. Ő különben alkalmanként a maximum 30 ml helyett 50 ml anyatejet fogyasztott el jóízűen.

– Egy kedves, kezdő gyakornok figyelmeztette is Szilvit, hogy a babáknak háromóránként enniük kell, és Zolika már több mint négy órája alszik. A csecsemőnővér kedvesen a helyére tette a dolgot: „Minden rendben van, az anyuka csak a baba igényei szerint jár el!" Másnap a gyakornok kislány már magától mondta: „Tudom! Nem tankönyv szerint, hanem igény szerint csináljuk!"

– Szilvi azt mondja, a terhességek alatt nagyon sokat segített neki az, hogy tisztában volt teste hideg-meleg zónáival. A vajúdásnál is minden esetben a saját légzőtípusa szerint járt el. Mivel ő Lunar, ezért jó nagy levegőket vett, visszatartotta, és nyomott. Amikor a háta „le akart szakadni", a férje melegítő krémmel bekente. A Lunarnak a mellkasa-háta meleg testzóna. Az izzadtságot sem hideg vízzel kell lemosni róla, hanem meleggel.

– Szilvi az egyik szülés során a gátvarrás után hideg vizes lemosást kért. Nagyon jólesett a testének a kellemes hideg érzet. (A Lunar medencéje hideg (–) testzóna.)

„Ismerni, tisztelni és szeretni kell a testünket" – mondja a háromgyermekes anyuka.

– Mia ötéves létére teljesen elsajátította a számára megfelelő, jóleső módszereket. „Ha megcsípi a lábát egy bogár vagy méhecske (volt rá példa), azonnal megy a fürdőkádba, és engedi a lábára a hideg vizet. Ő már egyedül elkészítheti magának a fürdővizet is, ami hűvösebb annál, mint ahogy az a mellé beugró Lunar öccsének kellemes lenne. Mia, a kis huncut, mit tesz, ha Zoli nem engedelmeskedik neki? Lego kockába hideg vizet enged, és leönti vele az öccsét! Ez a bünti!"

– Csecsemőként Mia 27-29 fokos vízben, míg a fiúk 37 fokosban fürödtek, fürdenek ma is. Így mindenki jól érezheti magát. „Valamennyien imádnak fürdeni, nincs ordítás, nincs félelem, nincs hiszti." A gyerekek megértik és elfogadják a kétféle bánásmódot.

– A szoptatásról Szilvi a következőket meséli: „Érdekes volt megfigyelni, hogy Mia a jobb mellemen, míg a két Lunar baba a bal mellemen csüngött. A másik oldal szinte mindig be volt gyulladva, mert ott nem szopiztak elég kitartóan a nekik kényelmetlenebb testhelyzet miatt." (Őszintén! Ki gondolt erre eddig? Pedig így van.)

– A gyerek nagyszerűen tolerálják az élet minden területén a megkülönböztetést, így az étkezések során is. Mia ehet fagylaltot, Zolika nem is kér (Peti pedig még pici Lunar).

– „Amire még nagyon odafigyelek, az a cipő és a matrac minősége. Előbbit egész nap viseli, utóbbin egész éjjel alszik a gyerek. Nemrégen nagy dicséretet kaptam, hogy milyen szép a gyerekek talpboltozata és testtartása. Ezek a legbiztosabb visszajelzések arról, hogy valami jól működik nálunk" – mondta boldogan a fiatal anyuka.

Összességében Szilvi arról számolt be, hogy a testzónák ismeretében sokkal nagyobb biztonságban érezhette magát, ennek köszönhetően a terhességei is kellemesebben, harmonikusabban zajlottak. Nem ijedt meg már a legkisebb jeleknél, vigyázni tudott magára, mert minden helyzetben tudta, hogy mit kell tennie ahhoz, hogy jobban érezze magát.

Van egy nagyon fontos terület, amelyről bővebben beszélni kell.

Szilvi is megemlítette a szoptatást. Fölmerülhet a kérdés, hogy jelent-e valamilyen problémát, ha az anya Lunar, az újszülött pedig Solar. Erre a kérdésre gyakran *igen* a válasz. Az anya többnyire a saját típusának megfelelően táplálkozik a szoptatás idején is, amit az ellenkező típusba tartozó baba gyakran nem képes tolerálni. Az anyatejen keresztül ugyanis a neki nem feltétlenül jó hatások érik a picurka, érzékeny emésztőszerveket. (Gondoljunk csak bele: egy újszülött gyomra csupán dió nagyságú.) Ahogyan Szilviék esetében is, kialakulhat ekcéma vagy allergiás reakció a babánál. A „gyomorfájós" babák általában az anyával ellenkező típusba tartoznak, vagy típusellenes táplálékot kapnak.

Elgondolkodtató a természet gondoskodása. A várandós anyák gyakran „kívánnak" általuk addig nem szeretett ételeket, italokat. Mintha a természet utat nyitna Solar és Lunar irányba is a születendő baba számára.

Szilviéknél a helyzeten javított valamelyest a hideg-meleg zónák okos használata, valószínűleg ezért sem fajult el túlságosan a helyzet. Vannak azonban olyan nehéz esetek, amikor az egész család szenved az állandóan síró, kínlódó kisbabát hallgatva. Az érintettek szerint olyankor a legrosszabb a tehetetlenség érzése. Mit lehetne mégis tenni?

A doktornő az ilyen esetekben azt javasolta, hogy az anya próbáljon meg pár hétig az újszülött típusa szerint étkezni. Így az anyatejen keresztül a pici a neki egészséges táplálékhoz juthat. Ha az édesanya ezt megteszi, a helyzet általában sokat javul. Mivel az anyatej a legfontosabb táplálék az újszülött számára, nagyon fontos, hogy legalább 3-4 hétig csak anyatejjel táplálkozhasson. Ezután lehet vegyes táplálkozást alkalmazni, vagyis az étkezési táblázatban leírt, a babának egészséges ételek-italok közül úgy kombinálni a táplálkozást, ahogyan az a kicsi emésztő szerveinek a legkedvezőbb.

Ismertem olyan Lunar anyukát, aki kéthónapos Solar kisfiának rizstejjel hígított, átszűrt spenótlevet adott. A baba meglepően jól fogadta az új ízeket. A szójatej egy-két csepp mézzel is hamarosan felkerült a baba étlapjára. Az anyától eltérő típusú újszülöttek esetében nem szabad hat hónapnál tovább erőltetni az anyatejjel történő táplálást!

Ma már sokféle jó minőségű tápszer áll az édesanyák rendelkezésére. Érdemes odafigyelni a Solar vagy Lunar babának legoptimálisabb összetevőket tartalmazó tápszer használatára és a fokozatosságra. Annál is inkább, mivel ma minden 4-5. gyermek valamilyen rendellenességgel születik. (Reflux, fitymaszűkület, allergia, ekcéma...) Az édesanyának a szoptatás idején érdemes odafigyelnie saját egészséges táplálkozására, mert ily' módon a vele azonos típusú újszülöttel még könnyebb dolga lesz. Ahogyan azt már említettük, a baba testének finom, jóleső zónakezelése is sokat javíthat a fájó pocak állapotán. Megedződik a neki jó hideg-meleg kezelésektől.

A fiatal családok számára stresszmentesebb, derűsebb életet jelenthet, ha tudják, hogy melyik gyermeküknek mi jó.

A hideg-meleg testzónák ismerete és az ennek megfelelő eljárás sok bosszúságtól megkímélheti a fiatal szülőket. Ezenkívül a Lunar babának nagyon jólesik, ha a hátát, hasát, fejecskéjét simogatják. A Solarnak jobban esik a kedves, finom paskolás, csak a melegzóna popsijának és az arcának kellemes érzés a simogatás.

A baba tartózkodási helyének megfelelő hőmérséklete nagyban hozzájárulhat a család nyugalmához. A Solar nem érzi jól magát, ha túl meleg van, a párás meleg pedig kifejezetten káros a kicsi egészségére. A Lunar baba ellenben nagyon vidám és eleven a kellemesen meleg, párás környezetben.

Eszembe jut, amikor hároméves Solar keresztlányom első alkalommal nyaralt nálam. „Készültem belőle." Az első napon már minden úgy zajlott, ahogyan az neki a legkellemesebb és legjobb volt. Amikor az esti fürdésre került sor és a kád fölé emeltem őt, ijedten fölhúzta a lábacskáit. „Ne félj, nem túl meleg" – mondtam neki. Erre kifakadt a kisember: „Anya mindig olyan melegre csinálja a fürdővizet!" (Anya Lunar.)

Amikor lefektettem, a kis, hároméves Solar annak rendje-módja szerint hasra feküdt, fejét jobbra fordítva. Nyár volt, így csak egy vékony lepedővel takartam be a medence táját, hogy a lábacskái szabadon kilóghassanak. A kislány hirtelen felült az ágyban és a szemembe nézett: „Kerianyu! Honnan tudsz te mindent rólam, pedig először vagyok nálad nyaralni?" Az a két hét mindkettőnk számára gyönyörű, mulatságos és mosolygós, élményekkel teli időszak volt. Pedig a szülők azt jósolták, hogy a kislány nem fog megmaradni egy-két napnál tovább a számára idegen helyen.

Maradjunk még egy kis időre a gyermekeknél.

A rokonok, barátok, ismerősök gyakran tanácstalanok, nem tudják, hogy mit is ajándékozhatnának a kisebb-nagyobb gyermekeknek.

Tipp: a Lunar kisbaba, kisgyermek örömmel fogadja a mozgó, mobil játékokat, vagy a kis hangszereket. A mozgó játékok felvillanyozzák őt, a kis hangszerek pedig örömteli élménnyel szolgálnak az aktív kis füleknek. A nagyobb Lunar gyermek örül minden olyan ajándéknak, ami keze-lába mozgását elősegítheti. Lehet az labda vagy ugrálókötél is.

A Solar jobban örül, ha színes mesekönyveket, építőkockákat, rajzeszközöket, kirakós játékokat vagy babát kap ajándékba. Annak még jobban örül a Solar kisgyermek, ha mindig van valaki, aki szívesen játszik vele. A puzzle órákig tartó kirakása is inkább a Solar gyermek (és felnőtt) számára jelent örömteli szórakozást.

Nagyon jó, ha a szülők és a nagyszülők tekintettel vannak a gyermek típusára. Gyakran tapasztaljuk, hogy a szülő akaratlanul is a saját típusához „idomítja" a gyermekét. A lassúbb, nyugodtabb Solar szülők gyakran hozzászoktatják a mozgékonyabb, dinamikusabb Lunar gyermekeket az órákig tartó csendes, nyugodt tevékenységekhez, puzzle-kirakáshoz vagy rajzoláshoz.

A tésztafélék és édességek, valamint a fagylalt gyakori fogyasztásának is „áldozatul" eshet a Lunar gyermek, mert neki ezek az ételfélék és élvezeti cikkek nem kedvezőek.

Az sem ritka, hogy a Lunar szülő folyamatosan noszogatja lassúbb, nyugodtabb Solar típusú gyermekét a sportra és több mozgásra. Egy közös séta, amelynek során beszélgetni is lehet, jó megoldást nyújthat a gyermek megmozgatására, és pozitívan hathat a szülő és gyermek közötti kapcsolatra is.

A nagyszülők gyakran úgy gondolják, hogy az édességek vagy a csokoládé fejezi ki leginkább unokáik iránt érzett szeretetüket. Valódi odafigyelésre vallana, ha Lunar unokáiknak inkább jó minőségű narancslevet, almalevet, mandarint, grapefruitot ajándékoznának az édesség helyett. A Solar kisgyermeknek sem a csokoládé és a jégkrémtorta a mindig megfelelő örömforrás. Ha a gyerekek már kicsi koruktól megértik azt, hogy ők mindnyájan értékes és fontos részei a családnak, akkor a megkülönböztetett bánásmódot is természetesnek fogják venni. Ha a szülőnek és a nagyszülőnek a gyermek egészséges fejlődése mindennél fontosabb, akkor a többi már csak elhatározás és megbeszélés kérdése. Sajnos még mindig sok nagyszülő úgy gondolja, hogy az ő feladata az, hogy „elkényeztesse" az unokáját. Vagyis nála az unoka mindent megtehet, amit otthon nem engednek meg neki. Amikor aztán a kicsi beteg lesz, a nagyszülő megvonja a vállát, hogy bezzeg amikor ő gyerek volt, neki semmi baja sem volt! Sajnos nem ritka ez sem.

Szerencsére azért olyan szituációval is egyre gyakrabban találkozhatunk, amikor a nagyszülő megkérdezi a fiatal szülőket, hogy milyen „játékszabályok" érvényesek a gyermek nevelésére, amikor az nála tartózkodik. A gyermek ne azért menjen szívesen a nagyszüleihez nyaralni, mert ott mindent megengednek neki, azt ehet-ihat, amit csak akar, minden úgy történik, ahogyan ő szeretné. Azért tartózkodjon szívesen a nagyszüleinél, mert időt és figyelmet fordítanak rá, beszélgetnek, játszanak vele, mesélnek neki. Hiszen a nagyszülőnek már több ideje van rájuk, míg a szülők rendszerint hét közben, néha hétvégeken is egész nap dolgoznak. A nagyszülő azzal támogathatja leginkább a fiatal szülőket, ha a gyermeket megerősíti abban, hogy a szülei jól nevelik őt, azt szeretnék, ha egészséges és boldog lenne. Ez a hozzáállás az igazi segítség!

Sajnos az sem ritka, hogy a nagyszülő minden áron igyekszik ráerőltetni az akaratát a fiatal szülőkre, ami az unokák nevelését illeti. Időnként kapok egy-egy kétségbeesett hívást vagy üzenetet:

„Anyukám nem hagy békén, most mit csináljak?" „Hiába kérjük az anyósomékat, hogy ne tömjék édességgel a gyerekeket!" „A gyerek azóta duzzog, amióta hazajött, mert anyáméknál mindent ráhagytak!"

Ezek ugyancsak nehéz helyzetek számomra, hiszen nem szeretnék családtagokat egymás ellen hangolni. Csak azt tudom tenni, hogy mindenkivel, akit érdekel, megosztom ezeket a véleményem szerint nagyon hasznos tapasztalatokat, bízva a jobbító szándék és a józan ész erejében.

A gyerekek nagyon gyorsan nőnek és fejlődnek, és egyszer csak ott állnak az iskola kapujában. Minden szülő azt szeretné, ha gyermeke szívesen és könnyen sajátítaná el az iskola első éveiben az írás-olvasás tudományát. Sajnos ez nem minden esetben van így. Sok szülő számára nem ismeretlen kifejezés a *legaszténia*.

Ha már fiatal családokról és gyermekeikről esik szó, ez a téma nem megkerülhető! A szülők tehetetlenül állnak, ha kiderül, hogy gyermekük írás-olvasási nehézségekkel küzd. Hibásan ír le betűket, számokat, vagy rosszul különbözteti meg a beszédhangokat. Összetéveszti a d-t vagy g-k hangzókat. Valahol az agy információkat feldolgozó tevékenységében „zavar" keletkezik, amit a mai napig nem sikerült a szakembereknek egyértelműen értelmezni. A Terluszológiai ismeretek birtokában az írás-olvasás problémáira specializálódott szakemberek egybehangzó véleményt képviselnek a legaszténiával kapcsolatban.

A Solar-Lunar tulajdonságok ismeretében tudjuk, hogy a Solarnak az erőoldala a bal. Az írás erőkifejtést igénylő tevékenység, ezért jó lenne,ha mindenki az erősebbik kezével tanulna meg írni. Vagyis a Solar bal kézzel, a Lunar pedig a jobb kezével. Mivel a jobb vagy balkezesség körülbelül a második életév végére kialakul, a szülő segíthet abban, hogy a gyermek a *neki jó* kezét használja írásra, rajzolásra. Az ezzel évtizedek óta foglalkozó német szakemberek véleménye az, hogy az a Solar gyermek, aki a jobb kezével kezd el rajzolni, valószínűleg „elleste" egy számára kedves, vele gyakran foglalkozó személytől. Ha szeretettel rávesszük a kicsiket a nekik egészséges kéz használatára, az agyi információs rendszerben a megfelelő kapcsolódások működhetnek, és csak elvétve akad majd egy-egy legaszténiával küzdő gyermek az iskolákban.

Nem kell megijedni: a legaszténia nem azt jelenti, hogy valaki buta. Einstein, Tom Cruise, vagy Gusztáv svéd király is ezzel a problémával küzdött. Einstein kézírása olvashatatlan, pedig a valaha élt legnagyobb „koponyák" egyike.

Egyik orvos ismerősöm gyermekével történt a következő eset: A tanítónő erőszakkal a jobb kézre igyekezett szoktatni a Solar gyermeket, akinek egyre rondább és olvashatatlanabb lett az írása. A tanév végén írtak egy fogalmazást arról, hogy mit fognak csinálni a nyári szünetben. Az egyoldalas irományt kibogozni is alig lehetett, elégtelen osztályzatot kapott rá. A nyári szünetben az apa türelmesen megtanította a lányát bal kézzel írni. A szünidő végén lediktálta neki ugyanazt a fogalmazást, és elküldte a tanítónőnek. Az írás szép és rendezett volt. A kislányt pedig beíratták egy másik iskolába, ahol támogatták a balkezes gyermekeket.

Az én fiatal felnőtt tanítványaim között is sok olyan Solar található, aki a jobb kezével ír. Egyikük-másikuk már negyvenéves is elmúlt, és vagy így, vagy úgy, de problémákkal küzd. Többen közülük ezt úgy fogalmazzák meg, hogy valami a fejében „nem akar összeállni!" Erőn felül igyekeznek mindig mindent jól és hibátlanul csinálni, és ezt minden lehetséges helyzetben ki is hangsúlyozzák. A Lunar balkezesekre ugyanez érvényes, hiszen nekik a jobb kezük biztosítaná az íráshoz szükséges megfelelő kapcsolódásokat az agyban.

Talán megérne a dolog egy alaposabb vizsgálatot és elemzést, hiszen a legaszténia sokakat érint. A szakemberek nem azt állítják, hogy kivétel nélkül minden esetben problémát jelent a „rossz kéz" használata, hanem azt, hogy a jelentkező rendellenességek többnyire ide vezethetők vissza. (Hogy is volt az a „vizsgálódás előtti ítélkezéssel"?)

Emlékszem, az elején engem is inkább a kíváncsiság hajtott, mint a meggyőződés, hiszen még nem láttam elégszer bizonyítottnak ezeket az állításokat. A hosszú évek során szerzett tapasztalatok, és a belőlük fakadó meggyőződés azonban nem a véletlen műve. Én már tudom, hogy nem fog csalódni az, aki fokozatosan beépíti a saját és családja életébe a könyvben leírt felismeréseket. Sok nehéz és súlyos helyzetről számolhatnék még be, amelyekben ezek az ismeretek biztos támaszt és valódi segítséget jelentettek valamennyi érintett számára.

Amikor évekkel ezelőtt egy közeli ismerősöm súlyos daganatos megbetegedése okán felhívtam Hagena doktornőt, azt tanácsolta, hogy következetesen járjunk el a típusnak megfelelően. Tartsuk be szigorúan a Solarnak jó táplálkozást, és kezeljük a beteg testét a hideg-meleg zónának megfelelően. Így is tettünk.

Ez 16 évvel ezelőtt történt. Az illető meggyógyult, és ma már pontosan tudja, hogy mikor mit kell tennie ahhoz, hogy egészségesen és nyugodtan élhesse az életét. A betegség az ő esetében is valóban visszavezethető volt a típusellenes életvitelre és táplálkozásra, valamint a nyomasztó, stresszes, szeretethiányos élethelyzetre. Az ő esete nem az egyetlen volt, ami a közvetlen közelemben játszódott le. Sajnos több olyan élethelyzettel is találkozhattam, ahol már elkésettnek bizonyultak a folyamat leállítására vagy lelassítására tett erőfeszítések. Annyit azonban a legnehezebb helyzetben is tenni lehetett, hogy a típusnak megfelelő kezelésekkel, hideg vagy meleg italokkal legalább javítani tudtunk a beteg közérzetén.

## A hideg-meleg testzónák ismerete óriási lehetőségeket rejt magában!

Megfigyeltük, hogy az idősek, betegek esetében, amikor már segítségre szorulnak, különösen jótékonynak bizonyul a megfelelő zónakezelés, mert egyúttal törődést, odafigyelést és szeretetet is jelent számukra. Ez pedig akár megsokszorozhatja testük és szellemük természetes öngyógyító erejét is. Hiszen mindenkinek kellemesebb érzés, ha valóban hatékonyan segíthet valakinek.

## Beszéljünk egy kicsit az idősekről és a betegekről...

Először is, segítsünk nekik pontosan megállapítani, hogy melyik típusba tartoznak. Tudnunk kell, hogy az idős vagy krónikus betegek légzése, mozgása és hőérzékelése is gyakran károsodhatott már. Egy dolog azonban mégis biztosan kijelenthető: vagy Solar vagy Lunar az illető. Ez pedig sok új lehetőséget rejt magában, ami a családtagok és az idős vagy beteg hozzátartozó kapcsolatát illeti. Céltudatosan segíthetünk nekik idős korukat szebbé, könnyebbé, kicsit boldogabbá tenni. Ha a hozzátartozó türelmesen és nyugodtan megtanítja őket a számukra egészséges légzésre, máris sokkal jobban fogják érezni magukat. Ők végtelenül hálásak tudnak lenni a szeretetteljes gondoskodásért, hiszen a mi mai világunk nem az idősek megbecsüléséről és tiszteletéről lesz emlékezetes az utókor számára. (Ezen a téren is lenne mit tanulnunk az ősi ázsiai kultúráktól! Ők azt vallják, hogy az a társadalom, amelyik nem becsüli és tiszteli az öregeket, előbb-utóbb összeomlásra van ítélve.)

Idős korban valamilyen megmagyarázhatatlan belső erőtől vezérelve újra előkerülnek, földerengenek a gyermekkori vágyak és igények. Az idősek meglepően pontosan emlékeznek vissza az őket gyermekkorukban ért jó és rossz élményekre, benyomásokra. A 80 év körüli vagy még idősebb nénik, bácsik gyakran így emlékeznek:

„Én nagyon szerettem volna tanulni, de nem lehetett."

„Meg kellett enni a forró kását, nem mertem szólni, hogy édesanyám ne legyen szomorú, pedig mindig fájt a gyomrom tőle."

„Boldog voltam, ha valahol kaphattam valami hideget inni, otthon ugyanis nem engedték. Csak titokban mertem a csapból inni."

„Gyakran kikaptam, mert amikor már mindenki aludt, én még nem voltam álmos, és a takaró alatt, a zseblámpa mellett olvastam. Túl gyakran lemerült az elem, így lebuktam."

„Falun éltünk. A tizennyolcadik születésnapomra nagyon szerettem volna egy magas sarkú cipőt kapni. Édesapám így vélekedett erről: Az én lányom csak ne kurválkodjon!"

„Nagyon szegények voltunk, alig volt mit ennünk. Egy tehetősebb családból származó iskolatársam sápadt, vézna fiúcska volt. Tátott szájjal néztem, ahogyan a rántott húsos szendvicsét egy harapás után a szemétbe dobta. Otthon aztán elmesélte a szüleinek, hogy én milyen jóízűen megettem a szendvicset a szemetesből. „Arany élet" kezdődött a számomra! Hétvégeken náluk kellett ebédelnem, hogy a beteges fiúcska is kedvet kapjon az evéshez. Afféle „előevő" lettem. A forró, finom levesek és a sok jóízű hús nagyon kedvemre való volt!"

Hihetetlen, hogy mi mindenre emlékeznek vissza az idősek néha fájó szívvel, néha mosolyogva. Megérdemlik, hogy legalább a családjuk törődjön velük, mégpedig úgy, ahogyan az mindenki számára a legjobb. Az idős embernek könnyebb lehet az élete, a segítő családtag pedig tehet valami valóban hasznosat.

Ezért összegyűjtöttem néhány, az időseket is gyakran érintő betegséget és kezelési, gyógyítási javaslatokat.

A *nekik jó légzőgyakorlatok* jelentőségét nem lehet eléggé kihangsúlyozni. Ne feledjék, hogy a légzés *Aktív* fázisát végző izmokat kell erősíteni! A légzőgyakorlatok még hatékonyabbak, ha az idős hozzátartozóval (legalább eleinte) együtt csináljuk. Rendszeresen, akár minden találkozásnál gyakoroltatni lehet velük a jó légzést, mivel ezáltal az általános állapotuk is javulhat.

Emlékeztetőül:

A Solar esetében egy hosszan tartó „sz" hangzón fújjuk ki az összes levegőt, tartsunk 4–5 másodperc szünetet, majd engedjük a levegőt orron-szájon át beáramlani. Amikor már nem megy be több levegő, indítsuk újra a hosszan tartó „sz" hangzóval a következő kifújást. Ismételjük meg néhányszor.

A Lunar orron keresztül szívjon be egy „nem túl nagy" levegőt, tartsa bent 4–5 másodpercig, majd orron-szájon át lassan engedje kiáramlani. Amikor elfogyott a levegő, újra jólesően orron át beszívni, tartani, majd kiengedni.

Jól teszi, ha mindig egy csipetnyivel nagyobbat szív be, és mindig kicsivel tovább tartja bent a levegőt. Ismételjük meg négyszer-ötször.

Fontos! A Passzív fázist csak hagyjuk *magától* megtörténni!

A jól megtanult és tudatosan végzett légzőgyakorlatok segíthetnek abban az esetben is, ha valaki nyomást, vagy szúró érzést tapasztal a mellkasa táján. Ne ijedjenek meg akkor sem, ha egyedül vannak! Nyugodtan végezzenek el néhány önöknek jó légzőgyakorlatot, és az esetek többségében tapasztalni fogják a megkönnyebbülést és a nyomás megszűnését. Csak semmi pánik!

> **Fontos!** *Súlyos, krónikus betegségek esetén a könyvben leírtak nem helyettesítik az alapos orvosi kivizsgálást, de mindenképpen segíthetnek abban, hogy enyhébb lehessen a betegség lefolyása, vagy csillapodjon a fájdalom.*

Az egy lakóközösségben élők esetében is jó, ha tudjuk mindenkiről, hogy Solar vagy Lunar-e az illető. Ha bármi történik, azonnal a neki megfelelő módon reagálhatunk. Biztonságot ad a tudat, hogyan kell lefektetni, hogyan kell a jó légzés felé irányítani, hideg vagy meleg borogatást kell-e alkalmazni a homlokára vagy a szív tájára, ha ez szükséges.

Ezekkel az ismeretekkel nagy szolgálatot tehetünk az érintetteknek.

– Egy alkalommal Berlinben idős szomszédom lett rosszul. A felesége dörömbölt az ajtómon. A Lunar férjet hanyatt fektettük az ágyon, tarkója alá összetekert törölközőt tettünk. Amíg kiértek a mentők, meleg vizes borogatással kezeltük a szív táját, mert ott érzett nyomást és szorítást. Közben csináltattam vele a neki jó légzést.

(Levegőt venni, bent tartani ameddig csak lehet, és lassan kiengedni!) A mentőorvos kérdésére, hogy miért ezt csináltuk vele, annyit mondtunk, ismerjük őt, tudjuk, hogy neki ez a jó.

Kiderült, hogy a szomszéd egy enyhébb lefolyású szívrohamon esett át.

Kávét kávéval fogyasztott, ahogy mondani szokták, amit tetézett még naponta két-három üveg sörrel, és egy-két doboz cigarettával is. Ezek a Lunar számára mind nagyon károsak. Lehetséges, hogy nem kellett volna feltétlenül már 73 évesen meghalnia...

Sok visszajelzést kaptam az évek során, olyan esetekkel kapcsolatban, amikor a szív táján jelentkező szorító vagy szúró érzést a megfelelő légzéssel csillapítani lehetett. Tanítványaim és hozzátartozóik gyakran jelentkeznek, hogy beszámoljanak tapasztalataikról.

Előfordulhat, hogy az idős (vagy fiatal) családtag eszméletét veszti. Ebben az esetben is segíthetünk, ha a Solart a *bal* oldalára, a Lunart pedig a *jobb* oldalára fordítjuk, nehogy a nyelve akadályozza a levegővételt. Az eszméletlen beteget csak abban az esetben *nem szabad* megmozdítani, ha feltételezhető, hogy a gerince megsérült. Az arcára, homlokára tett megfelelő hideg-meleg kezelés kedvező hatást fejthet ki. Ettől gyakran magukhoz is térnek az érintettek.

Az idős vagy beteg embernek jelentősen javulhat a közérzete, ha készítünk számára egy meleg (Lunar) vagy hideg (Solar) lábfürdőt. Mint minden új, ez is csak ideig-óráig szokatlan. Az érintettek egyre jobban megkedvelik a testüknek jóleső, frissítő, gyógyító hatásokat.

A fiataloknak is jót tesz egy ilyen kezelés a szinte már elviselhetetlenül meleg nyári napokon, de ily módon máskor is felfrissíthetik a fáradt testet és lelket. Sokan használják frissítőként a nekik megfelelő lábfürdőt egy csésze tea (Lunar), vagy egy kávé mellett (Solar). Félóra, és az élet mehet tovább. Ennyi időnek lennie kell, amit magunkra fordíthatunk!

Ha ehhez még hozzátesszük a napjában többször ismételhető arc-nyak-tarkó hideg vízzel (Lunar) vagy meleg vízzel (Solar) történő átmosását, sokkal jobban érezhetjük magunkat. Legalább reggel és este ne hagyjuk ezt ki akkor sem, ha nem vagyunk betegek!

A legfontosabb, hogy mindig a testzónáknak megfelelő módon járjunk el!

A *csúnyán bedagadt, fájós lábak*nak is nagyon jót tesz a zónának megfelelő lábfürdő. Olyan esettel is találkoztam, amikor az egész lábszár a duplájára duzzadt a szőlőhegyen órákig tartó föl-le cipekedéstől. A jéghideg lábfürdőbe ekkor a mélyhűtőben található jégkockákat is beledobáltuk, Solarról lévén szó. Félórán belül csökkent a duzzanat.

Ha már idősekről és betegekről beszélünk...

Részlet egy budapesti kórház tapasztalt főnővérével készült riportból:

„Ha bárki kételkedne abban, hogy az emberek alvás-ébrenlét ritmusa nem egyforma, annak pár napot el kellene töltenie egy nagyobb kórteremben. Sok vita származik abból, hogy egyesek már öt óra tájban matatnak, készülődnek a mosakodáshoz, mások pedig még éjfélkor is olvasni szeretnének. Ráadásul az egyik beteg fázik, a másiknak melege van."

Nem csak az idősebbeknek javasolt *elalvás előtt* az ágyban elvégezni 4–5 légzőgyakorlatot. Feküdjenek le az önöknek javasolt alvási pozícióba, és ebben a testhelyzetben csináljanak meg néhány jóleső, egészséges légzést. Jótékony hatással lesz az alvás minőségére, és megnyugtat. Ily módon könnyebbé válik a feszültségek kiiktatása és a teljes ellazulás is.

Idősebb és fiatalabb embertársaink közül is sokan élnek magányosan, vagy lehetnek éppen gyermeküket egyedül nevelő szülők.

Azért is írtam, írok le sok esetet és történetet, hogy ha magukra ismernek, a jövőben legyen lehetőségük típusnak megfelelően cselekedni. Akár önmagukról, akár gyermekeikről vagy hozzátartozójukról van szó.

Van még néhány olyan, gyakran előforduló betegség, amelyet érdemes megemlíteni.

– A *reflux* gyakrabban jelentkezik a Solaroknál. Elsősorban a zsíros, túl fűszeres, savas étkezés, valamint a túl sok stressz okozhatja. Fiatal énekesek, színművészek, menedzserek is szenvednek tőle. A zsírszegény – lúgosító – táplálkozás, a hideg, hűsítő italok sokat javíthatnak állapotukon. A gyógyító hatást fokozhatja a gyomortáji, naponta többször ismételhető megfelelő zónakezelés.

Megfigyeltük, hogy a természeténél fogva nyugodtabb Solart egy idő után nagyon megviseli a túl sok tennivaló, jövés-menés, mert ez számára igazi feszültséget, stresszes lelkiállapotot hoz létre.

(Többnyire a Solar gyermekek közül kerülnek ki az úgynevezett *hiperaktívak*, akik esetében szembeötlő és zavaró – mert természetellenes! – a túl sok aktivitás.)

–Az *arc- és homloküreggyulladás* is túlnyomórészt Solar-betegség, mivel ez a terület az ő esetükben meleg zóna, ezért érzékenyebb a hidegre. (Említettük, hogy közülük kerülnek ki a szakállas férfiak is, akik ösztönösen érzik, hogy jót tesz az arcuknak-nyakuknak a „melegen tartás".) A Solarok azok, akik az első hűvösebb őszi szelekre enyhe náthával reagálnak. A lefekvés előtti meleg vizes arcmosás, vagy ha szükséges, 20–25 perces borogatás karban tarthatja az arcot, és biztosíthatja az éjszaka folyamán az orron át történő szabad légzést. Az arc gőzölése csak nekik jó, de ha lehet, ne lélegezzék be a forró gőzt!

Van azért olyan Lunar ismerősöm is, akinek folyamatosan be van dugulva az orra, és náthás. Nem csoda, hiszen télen-nyáron frissen mosott, vizes hajjal megy ki az utcára. A koponya így megfázik és náthával, esetleg torokgyulladással reagál. Amíg az illetőnek kicsik voltak a gyermekei, nem jutott elég ideje saját magára. Ez az egészségkárosító szokása sajnos továbbra is megmaradt. Nem oktatom, nem „rágom a fülét" emiatt: felnőtt ember, tudja, mit csinál.

(Ha énekes vagy színész lenne, ezt nem engedhetné meg magának.)

Apropó, énekes!

Pályám elején saját tapasztalatot is szerezhettem a Lunar koponya meleg zónába tartozását illetően. Egy alkalommal az előadás alatt a paróka melegétől átnedvesedett hajjal mentem haza novemberben, sapka nélkül. Már éjszaka arra ébredtem, hogy nyelni sem tudok, annyira fáj a torkom. A Lunar koponyája meleg testzónába esik, nem tesz jót neki, ha meghűl.

Az *immunrendszer* állapota a szokásosnál is gyakoribb témává vált az utóbbi években. Kiderült, hogy bőven van még mit tenni ezen a területen. Hogy szervezetünk ellenállóképességét növelhessük, nem elég csak a kinek-kinek ideális táplálkozás és mozgás. A méregdrága étrendkiegészítő tabletták sem oldanak meg minden problémát. Ha ezek mellé odarendeljük a test hideg-meleg zónáinak tiszteletben tartását és megfelelő kezelését, így még többet tehetünk immunrendszerünk megerősítése érdekében.

Az időseknek is jót tesz, ami a gyermekeknek jó!

A Lunar gyermeket meleg vízben kell fürdetni, azután popsiját, arcát, nyakát (hideg zónák) átmosni hideg vízzel. Ha ezt gyermekkoruktól fogva megszokják, immunrendszerük meghálálja a szeretetteljes gondoskodást.

A Solarnak a langyos fürdés után meleg vízzel kell átmosni a medence-arc-tarkó-nyak táját. Az ő számára ez az egészséges „karbantartás". A Solar – idős vagy fiatal – immunrendszerére nézve a legkárosabb, ha hosszú ideig a meleg vízzel teli kádban fekszik. Nem csak a test természetes hőérzékelését boríthatja fel, de az immunrendszert is jelentősen legyengítheti ezzel.

Higgyék el, mindez csak egy kicsi odafigyelés kérdése!

Sokan el sem tudják képzelni, hogyan lehet a medencét a legegyszerűbben – akár naponta többször is – átmosni. A fürdőkád szélére ülve az egyik talpunkkal a kád belső szélére támaszkodunk. Így a medence-popsi tája a kád fölött lesz. Ebben a helyzetben a zuhanyrózsával ki-ki kényelmesen átmoshatja alulról a testét hideg vagy meleg vízzel. Ugyanez a zuhanykabinban leguggolva is kivitelezhető.

– *Immungyengeség* esetén a megfelelő ülőfürdő is nagyon jó szolgálatot tehet. Tudjuk, hogy a súlyosabb betegségek leginkább az immunrendszer gyenge állapota miatt alakulhatnak ki.

Évekkel ezelőtt súlyos vastagbéldaganattal küzdő Solar-beteget kezeltünk a következő módon:

A meleg vízzel telt, magas falú lavórt a kád elé a földre tettük. A beteg beleült, hátát a kádnak támasztva, lábai pedig kívülre kerültek. Így csak a medence tája volt a meleg vízben, a hideg testzónákat megkíméltük ettől. A sugárkezelések okozta fájdalom ily módon lényegesen csökkent. A beteg arcán a megkönnyebbülés egyértelmű jelei mutatkoztak. Naponta többször ismételtük a kezelést, ami nagyban hozzájárult a beteg teljes felgyógyulásához. Azok a Lunar betegek, akik bátran elkezdték alkalmazni a nekik kedvező hideg ülőfürdőt, arról számoltak be, hogy csak az első néhány alkalommal idegenkedett a szervezetük a hideg víztől. Fontosnak tartom megjegyezni, hogy amíg a Solar meleg ülőfürdője eltarthat akár 25–30 percig is, de a vizet nem szabad kihűlni hagyni, a Lunar hideg ülőfürdője elég, ha 10–15 percig tart. A Lunar fokozatosan szoktassa magát hozzá a hideg ülőfürdőhöz. Kezdje langyos vízzel, és fokozatosan kezeljen egyre hidegebb vízzel. Többeknek már első kísérletre nagyon jólesik az enyhén hideg ülőfürdő, de sokaknak a kád fölötti hideg vizes átmosás a legkellemesebb. Akár így, akár úgy, egy dolog biztos: a medencetáji zónának megfelelő gyakori kezelés nagyban hozzájárul az immunrendszer megerősödéséhez! Ha egészségesek vagyunk, akkor is jót tesz legalább egyszer naponta alul átmosni magunkat. Karbantartja az immunrendszert! Később, amikor már hozzászokott a szervezet a kinek-kinek megfelelő vízhőmérséklethez, mindenki érzi majd, hogy naponta hányszor esik neki jól a kezelés. *Emlékeztetnék arra, hogy a hideg testzónákat (–) nem szabad fölmelegíteni, a meleg testzónáktól (+) pedig nem szabad elvonni a hőt!*

– *Az aranyér* gyógyításában is segíthet a kinek-kinek megfelelő hideg vagy meleg ülőfürdő vagy alulról történő átmosás. Egy Lunar barátnőm kezelte magát nemrégen egy fájdalmas aranyérrel. Tudta, hogy neki a végbél tája hideg zóna, ezért többször kezelte egy-két percig tartó szárazjegeléssel a fájó testrészt. Utána bekente az egyik erre a célra ajánlott gyógykrémmel. Két nap alatt rendbe jött.

– A *vese betegségei* nagyon sok okra vezethetők vissza. A kétféle működés ismeretében a sok ezt igazoló eset kapcsán talán megfontolandó lenne, hogy: a Solar túlterhelheti a veséjét, ha túl sok folyadékot fogyaszt, a Lunar esetében pedig a vese egészséges működéséhez szükség van sok folyadékra, főként víz, meleg tea vagy ásványvíz formájában. Az ajánlott folyadékmennyiség a tapasztalatok ismeretében a következő: Lunar felnőttnek télen napi 2–2.5 liter, nyáron 3–3.5 liter folyadék elfogyasztása lenne ideális. Fontos, hogy ezt a folyadékmennyiséget az étkezések *között* fogyassza el, ne étkezés közben.

– A Solarnak ennek a fele is elég, főleg hideg italok formájában, egész napra elosztva.

– A *fogfájást* is említsük meg, mivel gyakran előfordul.

A Solar a fájó fog tájékára kívül tegyen meleg vizes borogatást, miközben belül öblögessen hideg vízzel. De akár jégkockát is szopogathat a fájó fog táján.

A Lunarnak kívülről kell a rövid ideig tartó száraz jegelés, belül pedig, a beteg fog tájékán meleg vízzel kell öblögetnie. Próbálják ki, segíteni fog! Nem ritka, hogy a gyulladt fog néhány nap alatt teljesen rendbe jön a zónakezeléstől. Ha azonban pár nap múlva még mindig fájdalmat érzünk, irány a fogorvosi rendelő! A beteg fogakkal nem szabad játszani. (A fogak zónakezelését egyébként óránként meg lehet ismételni!)

A fogmosáshoz is van, aki hideg, van, aki meleg vizet használ! Vajon miért lehet kemény, közepes vagy lágy szerkezetű fogkeféket is vásárolni? A magyarázat ismét a test hideg-meleg zónái közötti strukturális eltérésben keresendő. Kinek ez, kinek az.

A Solar hidegzóna ínyének jót tesz az erőteljesebb dörzsölés, mert a hideg testrészeken vastagabb a sejtfal! Gondolták volna?

A Lunar számára a közepes vagy lágyabb szerkezetű fogkefe hasznosabb, mert az ő meleg zónába tartozó ínye vékonyabb falú, ezáltal vérzékenyebb. A fogmosásról az jut még eszembe, hogy az emberek többsége a fogát csiszolja mosás közben, pedig sokkal fontosabb lenne arról gondoskodni, hogy a fogak között ne maradjon ételmaradék.

Mivel az íny és a fog közötti kicsi rés a fertőzések, megbetegedések melegágya lehet, a legokosabb, ha rendszeresen használunk a fogmosás után fogselymet vagy fogköztisztítót ennek megakadályozására.

Apropó, fogászat! Tudják, hogy milyen komoly nehézséget okoz egy Solar fogorvosnak a jobbkezesekre kitalált gépek használata? – Az *ízületi gyulladások*at is meg kell említeni.

A fájdalom enyhítését ez esetben is a testzónának megfelelő száraz jeges kezeléssel, vagy meleg vízzel történő borogatással érhetjük el. Ugyanez vonatkozik a különböző *rándulások*ra, *zúzódások*ra is.

(A hangszereseknél gyakrabban előforduló *ínhüvelygyulladás*t is a megfelelő zónakezeléssel nagyszerűen gyógyíthatjuk! Sokszorosan kipróbáltuk!)

Van még egy terület, amelyről beszélni kell: az *égési sérülések*.

Azt mondják, hogy a legmeggyőzőbb megtapasztalás az, amit saját magunk éltünk át.

Egy szép téli napon a csendes lakásban fasírozottat sütöttem. Éppen a bal kezemben tartottam a serpenyő nehéz üvegfedelét, a másikkal megfordítottam a húspogácsákat, amikor megcsörrent a telefon.

A fedőt beleejtettem a forró zsiradékba, ami ráfröccsent a jobb kezemre, a középső ujjamtól egészen a hüvelykujjamig.

Tudtam, hogy azzal teszek jót magamnak, ha a sérült felületet azonnal meleg víz alá tartom 3–4 másodpercig (Lunar).

Ugyancsak „szívtam a fogam" a fájdalomtól, de megérte. Igaz, hogy a kezemen képződött egy nagyjából tízszer két centiméteres lilás hurka, de egy félóra múlva már egyáltalán nem éreztem fájdalmat!

Aznap éjjel sem volt szükségem fájdalomcsillapítóra. Egy hét múlva már alig volt nyoma a sérülésnek, a bőr később tökéletesen regenerálódott.

Nem az enyém volt az egyetlen ilyen eset. Amióta ismerem a különböző testzónákat, igyekeztem a közeli és távolabbi környezetemben élőket is arra biztatni, hogy adott esetben próbálják ki, alkalmazzák ezeket a nagyszerű felismeréseket. Hiszen olyan egyszerűen működnek! Egész nyugodtan próbálják ki a kisebb égési felületek esetében is az önöknek megfelelő hideg vagy meleg kezelést. Segíteni fog! Ugyanez vonatkozik a kisebb háztartási balesetekre is. A megvágott kéz vagy a kalapácsütés nyoma is sokkal gyorsabban gyógyul a megfelelő zónakezelés alkalmazásával. A Solar hideg vízzel vagy jegeléssel, a Lunar pedig a vérzés megszűnése után meleg vízbe történő áztatással vagy borogatással kezelje az érintett felületet. Már az első kezelés alkalmával bizsergető, kellemes érzésről számol be mindenki. Tehát nem minden esetben a hideg víz vagy a jeges kezelés a megoldás! Van, akinek meleg vízre van szüksége a gyors gyógyuláshoz.

A nagyobb felületű égési sérülések területén „szerencsére" nincs elég tapasztalatunk, de talán mégis érdemes lenne fontolóra venni a zónák szerinti eljárást a nagyobb testfelületet érintő kórházi kezelések során is. Ezt döntsék el a felelős szakemberek.

Ha már az idősekről és betegségekről beszélünk, meg kell említeni a gyógyfürdőkkel, különböző kúrákkal kapcsolatos tapasztalatokat is. Magyarországon is több olyan nevezetes fürdőhely és gyógyközpont található, ahol különböző hidroterápiákkal, iszappakolásokkal, manuális vagy elektromágneses terápiákkal gyógyítják az érintetteket.

Az ezeken a területeken dolgozó szakemberek gyakran találkoznak azzal, hogy a különböző kezelések nem minden beteg esetében bizonyulnak hatékonynak. A betegek tiltakoznak a hideg vagy éppen a meleg víz ellen. Ezért jó tudni, hogy a **Solarnak** nem tesznek jót a meleg, sőt forró kezelések, hiszen teste legnagyobb felülete hideg (–) zónát képvisel. A Solarnak ezért a meleg iszappakolások többet ártanak, mint használnak. Ami a szaunát illeti, neki inkább az infraszauna ajánlható, ami után érdemes néhányszor hideg vízbe merülnie. (A Solarok azért szeretnek búvárkodni, mert számukra –még ha tudat alatt is – kellemes érzés a víz testre gyakorolt „szűkítő" nyomása!) A Kneipp medencében sétálás is nekik tesz kifejezetten jót. A térdig érő medence alján a jéghideg vízben kavicsok vannak, azokon kell sétálgatni úgy, mintha a talpunkkal a víz tetejére lépnénk és lenyomnánk a vizet a kis taposómedence aljára. Egyre több gyógyfürdőben megtalálható már nálunk is a Kneipp taposómedence!

Külföldön közparkokban is megtalálható már a mindenki számára használható, folyamatosan tiszta, jéghideg víz utánpótlással működő Kneipp medence. Akinek kedve van, bármikor sétálgathat benne.

A **Lunarnak** jót tesznek a meleg gyógyvízben hosszabb ideig tartó lubickolások, hiszen testének legnagyobb felülete meleg (+) táguló zóna. (Jól teszi, ha a meleg fürdőzés után a medence táját átmossa hideg vízzel!) A meleg, szinte forró iszappakolást is neki találták ki. Csak a csípőjére ne tetessen iszapot, mert az hideg zónába esik! A boka-, térd-, kéz-, könyök- és vállízületeknek azonban nagyon jólesik a meleg iszappal történő kezelés. (Lásd: A test hideg-meleg zónái ábra.)

Valljuk be, utánanézni egy beteg hovatartozásának ötpercnyi pluszmunkát jelent, még akkor is, ha kétszer is ellenőrizzük az adatokat. Ugyanakkor a légzőtípus ismeretében sokkal hatékonyabb és örömtelibb munkát végezhetünk, valóban a legjobb tudásunk birtokában.

Soha nem született még előrelépés, fejlődés kockáztatás nélkül. Jelen esetben azok, akik a felvázolt új lehetőségek, ötletek közül egyiket-másikat kipróbálják, már semmit sem kockáztatnak. A kipróbálás és meggyőződés útját mások már végigjárták. Sokszorosan!

Ami engem illet, azért nem éreztem kockázatosnak a leírt felismerések használatát, mert minden esetben hatékonynak bizonyultak. A kísérleti fázison már én is réges-régen túl vagyok!

Sajnos a természeti energiákba vetett ősbizalom a civilizált világban már csak alig, vagy egyáltalán nincs jelen. A gyermekek még magukkal hozzák ezt az ősi kapcsolódást, de lassacskán ők is megfeledkeznek róla. A felvázolt lehetőségek újra visszavezethetnek bennünket ezekhez a természetes, ősi érzetekhez.

Amióta világ a világ, mindig a megtapasztalás és a belőle származó tudatos rendszerezés késztette a tudományt a bizonyítás lehetőségének megtalálására. Így született meg az a kutatási eredmény is, amelyet három évvel ezelőtt, 2018-ban hoztak nyilvánosságra Berlinben. Az orvoskutatók megállapították, hogy a koránkelő – koránfekvő és a későn kelő – későn fekvő egyének vérében **12 gén eltérés** van. Ez életünk végéig nem változik! (Journal of Clinical Investigation/articles/view/120874)

Mi, akik régóta foglalkozunk a kétféle jelenségek vizsgálatával, valamennyien nagy örömmel fogadtuk ezt a felfedezést, hiszen *tudományos bizonyíték*ot szolgáltat, vagyis igazolja az alvás-ébrenlét ritmus kétféle jelenlétét. Akik a Solar-Lunar tulajdonságokat évtizedek óta figyelik és rendszerezik, azok tudják, hogy az alvás-ébrenlét ritmus különbözősége mellett a kétféle légzőritmus és testtartások, az eltérő hideg-meleg érzékelés is ugyanígy helytálló. Ezeken a területeken mi a tudomány előtt járunk, legalábbis ami a tapasztalatokat illeti. Természetesen nem a Terluszológia állításai miatt végezték el ezt a kutatást, hanem a gyógyszerek különböző hatékonysága volt a kiváltó ok. Egy okos szakember ugyanis rájött, hogy van, akinek 5–6 órakor van reggel, de van, akinél 10 órakor, vagy még később. A reggel-délben-este bevenni szükséges gyógyszerek hatásfoka, ahogyan ezt megállapították, ennek függvényében más és más. (A magyar orvoskutatók talán megvizsgálják majd azt is, hogy a test hideg-meleg belső zónáiban nem hatnak e másképpen a különböző gyógyszerek?! – a szerző).

Hogy ez a tudományos felfedezés mit jelent valójában, azon érdemes kissé elgondolkodni. Vajon mi az oka ennek a vérben kimutatható különbségnek? Az kijelenthető, hogy nem öröklés útján lesz valaki korán- vagy későn kelő.

Az általunk évtizedeken át vizsgált személyeknél semmi nem utal arra, hogy ez magyarázat lehetne a kétféleségre. Hiszen a szülők és gyermekeik teljesen véletlenszerűen Kilégzők vagy Belégzők. Lehet, hogy egy napon majd ki fog derülni, hogy nem a születés ideje határozza meg azt, hogy valaki koránkelő – koránfekvő, vagy későn kelő – későn fekvő belső órát kap ajándékba. Az is lehet, hogy nem Kilégző/Solar vagy Belégző/Lunar névvel illetik majd ezt a kétféleséget. Azok a nagyszerű orvosok és szakemberek, akik egész életüket ennek a jelenségnek a vizsgálatára, megértésére, rendszerezésére és hasznosítására áldozták, nem találtak más összefüggést, mint a születés helye és időpontja. Ennek a logikának az alapján gyűlt össze az a rengeteg tapasztalat, amit világos rendszerbe lehetett foglalni. Az egyértelműen kijelenthető, hogy nagyon sokat tudunk, nagyon sokat tanultunk a kétféle alvás-ébrenlét ritmussal megáldott emberek sajátos tulajdonságairól. Ez mindenkinek csak hasznára válhat.

Ha a jövőben egy vérvizsgálatból is megállapítható lesz a hovatartozás, az csak leegyszerűsíti a dolgot. Főleg azok szemében, akik nem fogadják el a Napnak és a Holdnak az emberre és tulajdonságaira gyakorolt hatásait.

Remélhetőleg mielőbb lesznek olyan szemfüles kutatóink vagy erre illetékes szakembereink, akik majd hivatalos formában felveszik a kapcsolatot a kutatási eredményt nyilvánosságra hozó berlini orvoscsoporttal, és igyekeznek világos képet kapni a vérvizsgálat mikéntjéről.

Amennyiben elfogadható anyagi ráfordítással mielőbb lehetségessé válna ez a vérvizsgálat, azonnal mellérendelhető lehetne az a rengeteg tapasztalat is, ami a különböző gyógyítási területeken tevékenykedő szakemberek még hatékonyabb munkáját segíthetné. Ameddig ez nem történik meg, addig továbbra is használhatjuk a születési dátum módszert, hiszen ez hosszú évtizedeken keresztül nagyszerűen bevált.

Reméljük, hogy nem kell majd túl sokáig várni arra, hogy elérhető és megfizethető legyen ez a vérvizsgálat. Hiszen az egészségügyre és a vékony pénztárcákra nagyon ráférne a tehermentesítés. Kísérletezés helyett lehetőség nyílna az azonnali hatékony kezelés vagy terápia alkalmazására. Ehhez mindössze a beteg testének hideg-meleg zónáit kellene ismerni. Hát, várjuk ki a végét!

*„Semmi sem könnyű, aminek valóban jelentősége van."*
(Albert Einstein)

## Kutatóorvos szakemberek figyelmébe...

Nem biztos, hogy mindenki érdeklődésére számot tarthatnak a következő témák, ezért itt, a könyv vége felé „pihenésképpen" ajánlanék néhány gondolatot a szakemberek figyelmébe *Erich Wilk* tollából:

„A test melegzóna (+) részeiben hígabb és oxigéndúsabb a vér, és gyorsabb a vércirkuláció. Ezekben a testrészekben nagyobb az elektromágneses energia. Az itt található sejtek nagyobbak és vékony falúak.

A test hidegzóna (–) részeiben sűrűbb és kevésbé oxigéndús a vér, lassabb a vércirkuláció. Ezekben a testrészekben kisebb az elektromágneses energia. A hideg testzónákban található sejtek kisebbek és vastag falúak.

Betegségek esetén a vért a megfelelő területre kell terelni melegítő vagy hűtő kezeléssel.

A hideg testzónákban könnyebb szerkezetű, törékenyebb a csontozat – (Solar) –, ezért van szükségük több kalciumra. A meleg zónákban erősebb és nehezebb a csontozat állaga (Lunar).

Ha a testet a neki nem megfelelő módon terheljük, a vérkeringés és vele együtt az elektromágneses feszültség a rossz testrészre koncentrálódik. (Ezt már Mesmernél is olvashattuk az 1700-as években! – a szerző.)

A mozgásenergiához ásványi anyagokra és zsírra (Lunar), az izmok terhelhetőségéhez pedig fehérjékre és cukorra van szükség (Solar)."

## Amit ehhez még hozzátennék...

Azt gondolom, hogy érdemes lenne a fehér és vörös izomrostok kezelését, gyógyítását is a test hideg (–) és meleg (+) zónáinak ismeretében újragondolni. (Tudomásom szerint ezen a területen is teljesen eltérő a szakemberek véleménye.)

– A kétféle cukorbetegséget illetően érdemes lenne figyelembe venni, hogy tapasztalataink szerint a Solar a zsíros (vaj), túl fűszeres ételektől és a zsíros tejtől lehet cukorbeteg. A Lunar pedig elsősorban az édességektől és a szénhidrátoktól. Az örökletes betegségek figyelembe vételével együtt mindez könnyen nyomon követhető és ellenőrizhető lenne.

– A Solar törékenyebb csontozatának szüksége van sok kalciumra. A Lunar esetében azonban a túl sok kalcium lerakódhat az erekben vagy az ízületekben. Ez is vizsgálható és ellenőrizhető lenne.

– A kétféle gastritis gyógyításában, esetleg megelőzésében is fontos szerepet játszhat a testzónák ismerete és az ebből fakadó tapasztalatok figyelembe vétele.

– Valószínűleg jó minőségű hőkamera segítségével is lehetőség nyílhatna a test hideg-meleg zónáinak feltérképezésére, így a Solar-Lunar típus megállapítására is. Erre a kutatásra az egészséges test lenne megfelelő, mert a beteg test már eltéréseket mutathat, hiszen megváltoztattuk a hőérzékelést a típusellenes behatásokkal.

– Tudjuk, hogy életünk folyamán génjeinket módosíthatják a megváltozott életkörülmények és életvitel (epigenetika).

Elgondolkodtató, hogy az a 12 gén különbség, ami a korán kelő – koránfekvő, későn kelő – későn fekvő vérében megtalálható, nem változik egész életünk során! (A német kutatási eredmény ezt világosan bizonyítja.) Valószínűleg igaza lehet *Os-hónak*, amikor a „sejtjeinkbe kódolt" kétféle reakciókról beszél! A tények ismeretében több mint feltételezés, hogy a születésünk pillanatában minket érő tágító vagy szűkítő elektromágneses hatás valóban elkísér bennünket utunk végéig.

Németországi hospice-okban évtizedek óta dolgozó szakemberek elmondása szerint nap mint nap meggyőződhettek arról, hogy az élet utolsó pillanatában is világosan látható a kétféle légzőritmus jelenléte.

Vagy „kileheljük" a lelkünket, vagy veszünk még egy „utolsó levegőt", és az szinte megáll a testben.

Légzéssel, énekléssel foglalkoztam több mint 40 éven át. Évek óta nem megy ki a fejemből a következő gondolat sem: lehetséges volna olyan **lélegeztetőgép**eket konstruálni, amelyek vagy az aktív **kilégzést** végző, vagy az aktív **belégzést** végző izmokat lennének hivatottak erősíteni és aktivizálni? Olyan sok tehetséges kitaláló-feltaláló van ebben a kis országban! Ha erre lehetséges volna megoldást találni, az lehetne a valódi segítség a lélegeztetőgép használatára kényszerülő betegek számára!

Ha ehhez még hozzátennénk a beteg számára megfelelő testhelyzet alkalmazását is (Belégző/Lunar: háton vagy jobb oldalon, Kilégző/Solar: hason vagy bal oldalon), bizonyára még jobb eredményeket lehetne elérni ezen a területen is.

A **pénzimádat** krónikus beteg korát felválthatná végre az **emberközpontúság** aranykora, hiszen minden adott lenne hozzá, már csak az embernek kellene újra **emberré** válnia!

Naiv vagyok? Tudok róla. Volt is már sok nehézségem ebből eddigi életem során. Mégis úgy gondolom, hogy csak ennek van értelme: gondolkodni, kutatni, próbálkozni! Már csak így lassíthatnánk le a lejtőn lefelé haladást.

„Idealisták és materialisták küzdenek egymással, rengeteg fölösleges energiát föláldozva az értelmetlen viták során. Nem lehetne a szubjektív és objektív szempontokat harmonizálni egymással?" – *Erich Wilk.*

„A fantáziát kárpótlásul kaptuk azért, amik nem vagyunk. A humorérzéket pedig vigaszképpen azért, amik vagyunk." (Gróf Széchenyi Zsigmond)

# Melyik vagyok én?

Hogyan állapíthatom meg a légzőtípusomat az eddig bevált módszerrel?

Kedves Olvasó!

Annyi mindenről, élethelyzetekről, hideg-meleg testzónákról, táplálkozásról, alvási szokásainkról, testtartásokról volt már szó, hogy valószínűleg ki-ki tudja magáról és hozzátartozóiról, hogy a két típus melyikét képviselik. Ha mégsem, akkor itt a lehetőség arra, hogy az ön születésekor uralkodó *holdenergia* és *napenergia* értéket egymás mellé tegye. Születésünkkor természetesen mindkét energia (Hold és Nap) jelen van, de nem mindegy, hogy milyen arányban!

A következő oldalon megtalálja a napenergia-táblázatot. Ebből nagyon egyszerűen leolvasható, hogy az év azon napján, amikor a kérdéses személy született, milyen erősségű (%) volt a földi életre ható napenergia. Néhány példa:

A földi életre ható napenergia február 16-án 31%, május 27-én 87%, december 5-én pedig 9% volt. A táblázatban látható, hogy a nyári napéjegyenlőség napján, június 21-én a napenergia hatása 100%. A téli napéjegyenlőség napján, december 21-én a napenergia elhanyagolható, ezért 0%-nak tekinthető.

Írja le az önre vonatkozó napenergia értékét. Például: 31% Solar. E mellé kell majd írni az ön születésekor uralkodó aktuális holdenergia értékét. A nagyobbik érték határozza majd meg az ön hovatartozását. Ha a napenergia lesz nagyobb, akkor ön Kilégző/Solar. Ha a holdenergia mértéke lesz magasabb szám, akkor ön Belégző/Lunar.

# Napenergia

| | Jan. | Febr. | Márc. | Ápr. | Máj. | Jún. | Júl. | Aug. | Szept. | Okt. | Nov. | Dec. |
|---|---|---|---|---|---|---|---|---|---|---|---|---|
| 1 | 6 | 22 | 38 | 56 | 72 | 89 | 94 | 78 | 61 | 44 | 28 | 11 |
| 2 | 6 | 23 | 39 | 56 | 73 | 89 | 94 | 77 | 61 | 44 | 27 | 11 |
| 3 | 7 | 23 | 40 | 57 | 73 | 90 | 93 | 77 | 60 | 43 | 27 | 10 |
| 4 | 7 | 24 | 41 | 57 | 74 | 91 | 93 | 76 | 59 | 43 | 26 | 9 |
| 5 | 8 | 24 | 41 | 58 | 74 | 91 | 92 | 76 | 59 | 42 | 26 | 9 |
| 6 | 8 | 25 | 42 | 58 | 75 | 92 | 92 | 75 | 58 | 42 | 25 | 8 |
| 7 | 9 | 26 | 42 | 59 | 76 | 92 | 91 | 74 | 58 | 41 | 24 | 8 |
| 8 | 9 | 26 | 43 | 59 | 76 | 93 | 91 | 74 | 57 | 41 | 24 | 7 |
| 9 | 10 | 27 | 43 | 60 | 77 | 93 | 90 | 73 | 57 | 40 | 23 | 7 |
| 10 | 11 | 27 | 44 | 61 | 77 | 94 | 89 | 73 | 56 | 39 | 23 | 6 |
| 11 | 11 | 28 | 44 | 61 | 78 | 94 | 89 | 72 | 56 | 39 | 22 | 6 |
| 12 | 12 | 28 | 45 | 62 | 78 | 95 | 88 | 72 | 55 | 38 | 22 | 5 |
| 13 | 12 | 29 | 46 | 62 | 79 | 96 | 88 | 71 | 54 | 38 | 21 | 4 |
| 14 | 13 | 29 | 46 | 63 | 79 | 96 | 87 | 71 | 54 | 37 | 21 | 4 |
| 15 | 13 | 30 | 47 | 63 | 80 | 97 | 87 | 70 | 53 | 37 | 20 | 3 |
| 16 | 14 | 31 | 47 | 64 | 81 | 97 | 86 | 69 | 53 | 36 | 19 | 3 |
| 17 | 14 | 31 | 48 | 64 | 81 | 98 | 86 | 69 | 52 | 36 | 19 | 2 |
| 18 | 15 | 32 | 48 | 65 | 82 | 98 | 85 | 68 | 52 | 35 | 18 | 2 |
| 19 | 16 | 32 | 49 | 66 | 82 | 99 | 84 | 68 | 51 | 34 | 18 | 1 |
| 20 | 16 | 33 | 49 | 66 | 83 | 99 | 84 | 67 | 51 | 34 | 17 | 1 |
| 21 | 17 | 33 | 50 | 67 | 83 | 100 | 83 | 67 | 50 | 33 | 17 | 0 |
| 22 | 17 | 34 | 51 | 67 | 84 | 99 | 83 | 66 | 49 | 33 | 16 | 1 |
| 23 | 18 | 34 | 51 | 68 | 84 | 99 | 82 | 66 | 49 | 32 | 16 | 1 |
| 24 | 18 | 35 | 52 | 68 | 85 | 98 | 82 | 65 | 48 | 32 | 15 | 2 |
| 25 | 19 | 36 | 52 | 69 | 86 | 98 | 81 | 64 | 48 | 31 | 14 | 2 |
| 26 | 19 | 36 | 53 | 69 | 86 | 97 | 81 | 64 | 47 | 31 | 14 | 3 |
| 27 | 20 | 37 | 53 | 70 | 87 | 97 | 80 | 63 | 47 | 30 | 13 | 3 |
| 28 | 21 | 37 | 54 | 71 | 87 | 96 | 79 | 63 | 46 | 29 | 13 | 4 |
| 29 | 21 | 38 | 54 | 71 | 88 | 96 | 79 | 62 | 46 | 29 | 12 | 4 |
| 30 | 22 | x | 55 | 72 | 88 | 95 | 78 | 62 | 45 | 28 | 12 | 5 |
| 31 | 22 | x | 56 | x | 88 | x | 78 | 62 | x | 28 | x | 6 |

A **Holdenergia** megállapításánál szükség van egy kis számolásra, de igazán nem nehéz. A következő oldalakon megtalálja a teliholdak táblázatát 1900-tól 2030-ig.

Az adott év adott hónapjában leolvashatja, hogy abban a hónapban melyik napra esett a telihold. Ha valaki 1980. szeptember 24-én született, aznap éppen telihold volt. Az illető tehát 100% Belégző/Lunar.

Az utolsó teliholdtáblázat alatt megtalálja a **Holdnapok értéké**t, ami leegyszerűsíti a számolást. Ha tehát pontosan a telihold napján született, akkor 100% Lunar az illető. Ha 2 nappal született a telihold mellett, az 87% Lunart jelent. Ha 9 nap van a születésnap és a hozzá legközelebb eső telihold között, akkor 41% a Lunar-érték, vagyis a holdenergia hatás erőssége. Írja le a napenergia-értéke mellé a holdenergia-értékét is. Ha az egyik érték legalább **7%-kal több a másiknál,** akkor kijelenthető, hogy az illető a magasabb érték szerinti típust képviseli.

**A légzőtípus meghatározását komolyan kell venni!**

# Telihold 1920-1939

|      | Jan. | Febr. | Márc. | Ápr. | Máj. | Jún. | Júl. | Aug. | Szept. | Okt. | Nov. | Dec |
|------|------|-------|-------|------|------|------|------|------|--------|------|------|-----|
| 1920 | 5 | 4 | 4 | 3 | 3 | 1 | 1,31 | 29 | 28 | 27 | 26 | 25 |
| 1921 | 24 | 22 | 23 | 22 | 21 | 20 | 20 | 18 | 17 | 16 | 15 | 15 |
| 1922 | 13 | 12 | 13 | 11 | 11 | 9 | 9 | 7 | 6 | 6 | 4 | 4 |
| 1923 | 3 | 1 | 3 | 1,30 | 30 | 28 | 27 | 26 | 25 | 24 | 23 | 23 |
| 1924 | 22 | 20 | 21 | 19 | 18 | 17 | 16 | 14 | 13 | 12 | 11 | 11 |
| 1925 | 10 | 8 | 10 | 9 | 8 | 6 | 6 | 4 | 2 | 2,31 | 30 | 30 |
| 1926 | 28 | 27 | 29 | 28 | 27 | 25 | 25 | 23 | 21 | 21 | 19 | 19 |
| 1927 | 17 | 16 | 18 | 17 | 16 | 15 | 14 | 13 | 11 | 10 | 9 | 8 |
| 1928 | 7 | 5 | 6 | 5 | 4 | 3 | 3 | 1,31 | 29 | 28 | 27 | 26 |
| 1929 | 25 | 23 | 25 | 23 | 23 | 22 | 21 | 20 | 19 | 18 | 17 | 16 |
| 1930 | 14 | 13 | 14 | 13 | 12 | 11 | 10 | 9 | 8 | 7 | 6 | 6 |
| 1931 | 4 | 3 | 4 | 2 | 2,31 | 30 | 29 | 28 | 26 | 26 | 25 | 25 |
| 1932 | 23 | 22 | 22 | 20 | 20 | 18 | 17 | 16 | 14 | 14 | 13 | 13 |
| 1933 | 11 | 10 | 12 | 10 | 9 | 8 | 7 | 5 | 4 | 3 | 2 | 2,31 |
| 1934 | 30 | x | 1,31 | 29 | 28 | 27 | 26 | 24 | 23 | 22 | 21 | 20 |
| 1935 | 19 | 18 | 20 | 18 | 18 | 16 | 16 | 14 | 12 | 12 | 10 | 10 |
| 1936 | 8 | 7 | 8 | 6 | 6 | 5 | 4 | 3 | 1,30 | 30 | 28 | 28 |
| 1937 | 26 | 25 | 27 | 25 | 25 | 23 | 23 | 22 | 20 | 19 | 18 | 17 |
| 1938 | 16 | 14 | 16 | 14 | 14 | 13 | 12 | 11 | 9 | 9 | 7 | 7 |
| 1939 | 5 | 4 | 5 | 4 | 3 | 2 | 1,31 | 29 | 28 | 28 | 26 | 26 |

▮ Szökőév

# Telihold 1940- 1959

| | Jan. | Febr. | Márc. | Ápr. | Máj. | Jún. | Júl. | Aug. | Szept. | Okt. | Nov. | Dec. |
|---|---|---|---|---|---|---|---|---|---|---|---|---|
| **1940** | 25 | 23 | 23 | 22 | 21 | 20 | 19 | 18 | 16 | 16 | 15 | 14 |
| 1941 | 13 | 12 | 13 | 11 | 11 | 9 | 8 | 7 | 5 | 5 | 4 | 3 |
| 1942 | 2 | 1 | 3 | 1 | 1,30 | 28 | 27 | 26 | 24 | 24 | 22 | 22 |
| 1943 | 21 | 20 | 21 | 20 | 19 | 18 | 17 | 15 | 14 | 13 | 12 | 11 |
| **1944** | 10 | 9 | 10 | 8 | 8 | 6 | 6 | 4 | 2 | 2,31 | 30 | 29 |
| 1945 | 28 | 27 | 28 | 27 | 27 | 25 | 25 | 23 | 21 | 21 | 19 | 19 |
| 1946 | 17 | 16 | 17 | 16 | 16 | 14 | 14 | 13 | 11 | 10 | 9 | 8 |
| 1947 | 7 | 5 | 7 | 5 | 5 | 3 | 3 | 2,31 | 30 | 29 | 28 | 27 |
| **1948** | 26 | 24 | 25 | 23 | 23 | 21 | 21 | 19 | 18 | 18 | 16 | 16 |
| 1949 | 14 | 13 | 14 | 13 | 12 | 10 | 10 | 8 | 7 | 7 | 5 | 5 |
| 1950 | 4 | 2 | 4 | 2 | 2,31 | 29 | 29 | 27 | 26 | 25 | 24 | 24 |
| 1951 | 23 | 21 | 23 | 21 | 21 | 19 | 18 | 17 | 15 | 15 | 13 | 13 |
| **1952** | 12 | 11 | 11 | 10 | 9 | 8 | 7 | 5 | 4 | 3 | 2 | 1,31 |
| 1953 | 30 | 28 | 30 | 29 | 28 | 27 | 26 | 24 | 23 | 22 | 21 | 20 |
| 1954 | 19 | 17 | 19 | 18 | 17 | 16 | 16 | 14 | 12 | 12 | 10 | 10 |
| 1955 | 8 | 7 | 8 | 7 | 6 | 5 | 5 | 3 | 2 | 1,31 | 29 | 29 |
| **1956** | 27 | 26 | 26 | 25 | 24 | 23 | 22 | 21 | 20 | 19 | 18 | 17 |
| 1957 | 16 | 14 | 16 | 14 | 13 | 12 | 11 | 10 | 9 | 8 | 7 | 7 |
| 1958 | 5 | 4 | 5 | 4 | 3 | 1 | 1,30 | 29 | 27 | 27 | 26 | 26 |
| 1959 | 24 | 23 | 24 | 23 | 22 | 20 | 20 | 18 | 17 | 16 | 15 | 15 |

Szökőév

123

# Telihold 1960-1979

|      | Jan. | Febr. | Márc. | Ápr. | Máj. | Jún. | Júl. | Aug. | Szept. | Okt. | Nov. | Dec. |
|------|------|-------|-------|------|------|------|------|------|--------|------|------|------|
| 1960 | 14   | 12    | 13    | 11   | 11   | 9    | 8    | 7    | 5      | 4    | 3    | 3    |
| 1961 | 2,31 | x     | 2     | 1,30 | 30   | 28   | 27   | 26   | 24     | 23   | 22   | 22   |
| 1962 | 20   | 19    | 21    | 20   | 19   | 18   | 17   | 15   | 14     | 13   | 11   | 11   |
| 1963 | 10   | 8     | 10    | 9    | 8    | 7    | 6    | 5    | 3      | 3    | 1    | 1,30 |
| 1964 | 29   | 27    | 28    | 26   | 26   | 25   | 24   | 23   | 21     | 21   | 19   | 19   |
| 1965 | 17   | 16    | 17    | 16   | 15   | 14   | 13   | 12   | 11     | 10   | 9    | 8    |
| 1966 | 7    | 5     | 7     | 5    | 4    | 3    | 2    | 1,31 | 29     | 29   | 28   | 27   |
| 1967 | 26   | 24    | 26    | 24   | 23   | 22   | 21   | 20   | 18     | 18   | 17   | 17   |
| 1968 | 15   | 14    | 14    | 13   | 12   | 10   | 10   | 8    | 6      | 6    | 5    | 5    |
| 1969 | 3    | 2     | 4     | 2    | 2,31 | 29   | 29   | 27   | 25     | 25   | 24   | 23   |
| 1970 | 22   | 21    | 23    | 21   | 21   | 19   | 18   | 17   | 15     | 14   | 13   | 12   |
| 1971 | 11   | 10    | 12    | 10   | 10   | 9    | 8    | 6    | 5      | 4    | 2    | 2,31 |
| 1972 | 30   | 29    | 29    | 28   | 28   | 26   | 26   | 24   | 23     | 22   | 21   | 20   |
| 1973 | 18   | 17    | 19    | 17   | 17   | 15   | 15   | 14   | 12     | 12   | 10   | 10   |
| 1974 | 8    | 7     | 8     | 6    | 6    | 4    | 4    | 3    | 1      | 1,31 | 29   | 29   |
| 1975 | 27   | 26    | 27    | 25   | 25   | 23   | 23   | 21   | 20     | 20   | 18   | 18   |
| 1976 | 17   | 15    | 16    | 14   | 13   | 12   | 11   | 10   | 8      | 8    | 7    | 6    |
| 1977 | 5    | 4     | 5     | 4    | 3    | 1    | 1,30 | 28   | 27     | 27   | 25   | 25   |
| 1978 | 24   | 23    | 24    | 23   | 22   | 20   | 20   | 18   | 16     | 16   | 14   | 14   |
| 1979 | 13   | 12    | 13    | 12   | 12   | 10   | 9    | 8    | 6      | 5    | 4    | 3    |

Szökőév

# Telihold 1980-1999

| | Jan. | Febr. | Márc. | Ápr. | Máj. | Jún. | Júl. | Aug. | Szept. | Okt. | Nov. | Dec. |
|---|---|---|---|---|---|---|---|---|---|---|---|---|
| **1980** | 2 | 1 | 1,31 | 30 | 29 | 28 | 27 | 26 | 24 | 23 | 22 | 21 |
| 1981 | 20 | 18 | 20 | 19 | 19 | 17 | 17 | 15 | 14 | 13 | 11 | 11 |
| 1982 | 9 | 8 | 9 | 8 | 8 | 6 | 6 | 5 | 3 | 3 | 1 | 1,30 |
| 1983 | 28 | 27 | 28 | 27 | 26 | 25 | 25 | 23 | 22 | 21 | 20 | 20 |
| **1984** | 18 | 17 | 17 | 15 | 15 | 13 | 13 | 11 | 10 | 10 | 8 | 8 |
| 1985 | 7 | 5 | 7 | 5 | 4 | 3 | 2,31 | 30 | 29 | 28 | 27 | 27 |
| 1986 | 26 | 24 | 26 | 24 | 23 | 22 | 21 | 19 | 18 | 17 | 16 | 16 |
| 1987 | 15 | 13 | 15 | 14 | 13 | 11 | 11 | 9 | 7 | 7 | 5 | 5 |
| **1988** | 4 | 2 | 3 | 2 | 2,31 | 29 | 29 | 27 | 25 | 25 | 23 | 23 |
| 1989 | 21 | 20 | 22 | 21 | 20 | 19 | 18 | 17 | 15 | 14 | 13 | 12 |
| 1990 | 11 | 9 | 11 | 10 | 9 | 8 | 8 | 6 | 5 | 4 | 2 | 2,31 |
| 1991 | 30 | 28 | 30 | 28 | 28 | 27 | 26 | 25 | 25 | 23 | 21 | 21 |
| **1992** | 19 | 18 | 18 | 17 | 16 | 15 | 14 | 13 | 12 | 11 | 10 | 10 |
| 1993 | 8 | 7 | 8 | 6 | 6 | 4 | 4 | 2 | 1,30 | 30 | 29 | 29 |
| 1994 | 27 | 26 | 27 | 25 | 25 | 23 | 22 | 21 | 19 | 19 | 18 | 18 |
| 1995 | 16 | 15 | 17 | 15 | 14 | 13 | 12 | 10 | 9 | 8 | 7 | 7 |
| **1996** | 5 | 4 | 5 | 4 | 3 | 1 | 1,30 | 28 | 27 | 26 | 25 | 24 |
| 1997 | 23 | 22 | 24 | 22 | 22 | 20 | 20 | 18 | 16 | 16 | 14 | 14 |
| 1998 | 12 | 11 | 13 | 12 | 11 | 10 | 9 | 8 | 6 | 5 | 4 | 3 |
| 1999 | 2,31 | x | 2 | 1,30 | 30 | 28 | 28 | 27 | 25 | 24 | 23 | 22 |

▓ Szökőév

# Telihold 2000-2019

| | Jan. | Febr. | Márc. | Ápr. | Máj. | Jún. | Júl. | Aug. | Szept. | Okt. | Nov. | Dec. |
|------|------|-------|-------|------|------|------|------|------|--------|------|------|------|
| 2000 | 21 | 19 | 20 | 18 | 18 | 17 | 16 | 15 | 13 | 13 | 11 | 11 |
| 2001 | 9 | 8 | 9 | 8 | 7 | 6 | 5 | 4 | 2 | 2 | 1,30 | 30 |
| 2002 | 28 | 27 | 28 | 27 | 26 | 24 | 24 | 24 | 21 | 21 | 20 | 19 |
| 2003 | 18 | 17 | 18 | 16 | 16 | 14 | 13 | 12 | 10 | 10 | 9 | 8 |
| 2004 | 7 | 6 | 7 | 5 | 4 | 3 | 2,31 | 30 | 28 | 28 | 26 | 26 |
| 2005 | 25 | 24 | 25 | 24 | 23 | 22 | 21 | 19 | 18 | 17 | 16 | 15 |
| 2006 | 14 | 13 | 15 | 13 | 13 | 11 | 11 | 9 | 7 | 7 | 5 | 5 |
| 2007 | 3 | 2 | 4 | 2 | 2 | 1,30 | 30 | 28 | 26 | 26 | 24 | 24 |
| 2008 | 22 | 21 | 21 | 20 | 20 | 18 | 18 | 16 | 15 | 14 | 13 | 12 |
| 2009 | 11 | 9 | 11 | 9 | 9 | 7 | 7 | 6 | 4 | 4 | 2 | 2,31 |
| 2010 | 30 | 28 | 30 | 28 | 28 | 26 | 26 | 24 | 23 | 23 | 21 | 21 |
| 2011 | 19 | 18 | 19 | 18 | 17 | 15 | 15 | 13 | 12 | 12 | 10 | 10 |
| 2012 | 9 | 7 | 8 | 6 | 6 | 4 | 3 | 2,31 | 30 | 29 | 28 | 28 |
| 2013 | 27 | 25 | 27 | 25 | 25 | 23 | 22 | 21 | 19 | 19 | 17 | 17 |
| 2014 | 16 | 15 | 16 | 15 | 14 | 13 | 12 | 10 | 9 | 8 | 6 | 6 |
| 2015 | 5 | 4 | 5 | 4 | 4 | 2 | 2,31 | 29 | 28 | 27 | 25 | 25 |
| 2016 | 24 | 22 | 23 | 22 | 21 | 20 | 20 | 18 | 16 | 16 | 14 | 14 |
| 2017 | 12 | 11 | 12 | 11 | 10 | 9 | 9 | 7 | 6 | 5 | 4 | 3 |
| 2018 | 2,31 | x | 2,31 | 30 | 29 | 28 | 27 | 26 | 25 | 24 | 23 | 22 |
| 2019 | 21 | 19 | 21 | 19 | 18 | 17 | 16 | 15 | 14 | 13 | 12 | 12 |

Szökőév

# Telihold 2020-2030

|  | Jan. | Febr. | Márc. | Ápr. | Máj. | Jún. | Júl. | Aug. | Szept. | Okt. | Nov. | Dec. |
|---|---|---|---|---|---|---|---|---|---|---|---|---|
| **2020** | 10 | 9 | 9 | 8 | 7 | 5 | 5 | 3 | 2 | 1,31 | 30 | 30 |
| 2021 | 28 | 27 | 28 | 27 | 26 | 24 | 24 | 22 | 21 | 20 | 19 | 19 |
| 2022 | 18 | 16 | 18 | 16 | 16 | 14 | 13 | 12 | 10 | 9 | 8 | 8 |
| 2023 | 7 | 5 | 7 | 6 | 5 | 4 | 3 | 1,31 | 29 | 28 | 27 | 27 |
| **2024** | 25 | 24 | 25 | 24 | 23 | 22 | 21 | 19 | 18 | 17 | 15 | 15 |
| 2025 | 13 | 12 | 14 | 13 | 12 | 11 | 10 | 9 | 7 | 7 | 5 | 5 |
| 2026 | 3 | 1 | 3 | 2 | 1,31 | 30 | 29 | 28 | 26 | 26 | 24 | 24 |
| 2027 | 22 | 21 | 22 | 21 | 20 | 19 | 18 | 17 | 16 | 15 | 14 | 13 |
| **2028** | 12 | 10 | 11 | 9 | 8 | 7 | 6 | 5 | 4 | 3 | 2 | 1,31 |
| 2029 | 30 | 28 | 30 | 28 | 27 | 26 | 25 | 24 | 22 | 22 | 21 | 20 |
| 2030 | 19 | 18 | 19 | 18 | 17 | 15 | 15 | 13 | 11 | 11 | 10 | 9 |

# Holdnapok értéke

| Napok száma | 0 | 1 | 2 | 3 | 4 | 5 | 6 | 7 | 8 | 9 | 10 | 11 | 12 | 13 | 14 | 15 | 16 |
|---|---|---|---|---|---|---|---|---|---|---|---|---|---|---|---|---|---|
| Holdenergia (%) | 100 | 93 | 87 | 80 | 74 | 67 | 60 | 54 | 47 | 41 | 34 | 27 | 21 | 14 | 8 | 1 | 8 |

Forrás:
https://www.vollmond.info/de/vollmond-calender1900-2050.html

Kedves Olvasó!

A táblázat elsősorban azok számára nyújthat tájékozódási lehetőséget, akik nem rendelkeznek internet hozzáféréssel. Sajnos mind a mai napig sokan élnek a digitalizáció adta lehetőségek(és annak káros hatásai!) nélkül.

Az internettel rendelkezők figyelmét szeretném felhívni a következő lehetőségre:

A Terlusollogie beírása (Google!) után egy tájékoztató leírás jelenik meg a képernyőn. Az első néhány bekezdés után piros betűkkel a következő olvasható: zur Berechnung( a számításhoz!). Erre kattintva látható, hogy az oldal német nyelvű ugyan, de nagyon egyszerű. A születési adatok beírása után pontos számokat kapunk a hovatartozásunkat illetően, bárhol is születtünk.

Bízom abban, hogy a könyvben a Solar és a Lunar egyénekre vonatkozó alapvető tulajdonságok részletes leírása is elég lehet a típus meghatározásához. Az eddigi tapasztalatok arra utalnak, hogy főként a test hideg-meleg zónáinak ismerete és megfelelő kezelése nyújt komoly segítséget a családok számára, és önmagunk otthoni gyógyításához vagy karbantartásához.

Ismételjük meg a számítást egyszer-kétszer, hogy, az eredmény biztos és egyértelmű lehessen. Ha valaki más számára készítenek elemzést, legyenek körültekintőek. Telefonon könnyen félreérthető lehet a születési dátum. Írásban kérjék a szükséges adatokat, hogy amennyire csak lehetséges, a tévedés kizárható legyen.

A felelősségteljes megállapítás érdekében figyelembe kell venni a szökőéveket – feketével jelölve –, amikor a február 29 napból áll. Arra is gondolni kell, hogy az érintett hónapok 30 vagy 31 napból állnak-e?

A táblázatban található 1,31 azt jelenti, hogy az adott hónapban 1-én és 31-én is volt telihold.

Ugyanez vonatkozik az 1,30 illetve a 2,31 megjelölésre is.

A hónap rövidsége miatt februárban néha nem volt telihold.

Ezt egy x jelöli a táblázatban. Minden esetben számoljanak a születésnaphoz közelebbi teliholdhoz!

Nézzünk meg együtt néhány példát!

Születési dátum: 1978. december 20.
Napenergia – 1% Solar, Holdenergia – **60% Lunar**
(1978. december 14-én volt telihold. Az illető tehát 6 nappal született mellette. A holdnapok értékénél a 6 alatt 60% található.)
Az illető tehát egyértelműen Belégző/**LUNAR**.

Születési dátum: 1988. május 13.
Napenergia – **79% Solar**, Holdenergia – 21% Lunar
(1988 májusában 1-jén és 31-én is volt telihold. A születésnaphoz közelebb esik az elseje, ami 12 nappal van a születésnap mellett. A holdnapok értékénél a 12 alatt 21% található.)
Ez a személy egyértelműen Kilégző/**SOLAR.**

Születési dátum: 1958. április 6.
Napenergia – 58% Solar, Holdenergia – **87% Lunar.**
(1958 áprilisában 4-én volt telihold. Az illető két nappal született mellette. A két holdnap értéke 87%.)
Az illető személy tehát Belégző/**LUNAR**.

Születési dátum: 1964. március 11.
Napenergia – **44% Solar**, Holdenergia – 14% Lunar.
(1964 márciusában 28-án volt telihold. A születésnap közelebb esik a február 27-i teliholdhoz. Február 28. és március 11. között összesen 13 nap van, mivel szökőév volt. A holdenergia értékénél a 13 alatt 14% található.)
Ez a személy egyértelműen Kilégző/**SOLAR**.

Születési dátum: 2018. február 7.
Napenergia – 26% Solar, Holdenergia – **54% Lunar**.
(Ebben az évben februárban nem volt telihold. Január 31-én és március 2-án volt. A február 7-e a januári teliholdhoz van közelebb. Az illető tehát 7 nappal született a hozzá legközelebbi teliholdhoz képest. A hét holdnap értéke 54%.)
Ez a személy tehát Belégző/**LUNAR**.

# Kedves Olvasó!

Számoljon türelmesen, nyugodtan ellenőrizze még egyszer a kapott adatokat. Nagyszerű, ha az ön életvitele, szokásai és táplálkozása összhangban vannak a légzőtípussal, amit a számok megerősítenek. Minél nagyobb a két energia közötti különbség, annál kevésbé tolerálja az illető a másik hatást. Az is előfordulhat, hogy valaki jelenleg élete több területén is komoly problémákkal küzd, vagyis összevissza él, nincs rendben sem testileg, sem lelkileg. Ebben az esetben próbálja meg lassan és türelmesen a kiszámított típushoz igazítani a mindennapjait. Sokkal jobban érzi majd magát!

Fontos: ezek a számítások az ***északi féltekén*** születettekre vonatkoznak.

Ha valaki a déli féltekén született, tudnia kell, hogy a holdenergia ugyanannyi, mint északon, de a napenergiánál a táblázatban található értéket ki kell vonni százból. Ez sem túl nehéz.

Például: november 10-én 23% a táblázat szerinti napenergia. Ezt kell kivonni százból, tehát 100-23=77%, vagyis a déli féltekén ugyanazon a napon a napenergia 77%. Fontos tudni, hogy a vizsgált személy északon vagy délen született!

Az Egyenlítő tájáról még nem rendelkezünk elegendő tapasztalattal. Ha valaki ott született, érdemes egy tapasztalt terluszológushoz fordulnia. Egy equadori fiatalember esetében ki tudtuk deríteni, hogy a kórház, amelyben született az Egyenlítőt jelző vonal alatt 28-30 kilométerre van. A déli féltekére érvényes számítás az ő tulajdonságai tükrében teljesen helytállónak bizonyult. Ezzel együtt ez kevés ahhoz, hogy általánosítsunk!

## A nehezen (de) eldönthető típusról...

Természetesen vannak olyan személyek, akiknél megközelítően vagy akár teljesen megegyezik a Nap- és a Holdenergia-hatás értéke. Mégsem létezik is-is típus! Vagy az egyik vagyok, vagy a másik. Akinél kevesebb, mint 7% a két érték közötti különbség, ott a legtöbb esetben a könyvben leírt tulajdonságok, esetek segíthetnek a típus meghatározásában. Készíthetnek egy táblázatot, ahová jegyezhetik, hogy a sok leírt tulajdonság közül melyek igazak az ön személyére nézve. Az esetek túlnyomó többségében a végén vagy az egyikből, vagy a másikból lesz jóval több.

Nagyon oda kell figyelni arra, hogy a test különböző területei hogyan reagálnak **hideg**re és **meleg**re. Az **alvási pozíció** és a korán vagy későn kelés-fekvés is döntő szerepet játszhat! Az ön betegségei is iránymutatók lehetnek. A leírtak alapján mi lehet az oka az ön betegségének?

Figyelje meg, hogy melyek azok az ételek és italok, amelyektől erősnek, fittnek és tettre késznek érzi magát. És melyek azok, amelyektől fáradt, levert, gyenge lesz. Így is közelebb juthat a légzőtípus meghatározásához.

Ha a mérleg nyelve alapos átgondolás után elbillen az egyik irányba, próbáljon meg két hétig következetesen ennek a típusnak megfelelően élni. Szervezete jelezni fogja önnek, hogy jó úton jár-e. Ha úgy érzi, hogy mégsem vált be a választása, próbálja ki a másik típust is. Nem gondolom, hogy ez túl nagy kockázattal járna, hiszen embertársaink nagy része egy életen át sem találja a „helyét". Kipróbálunk ezt, kipróbálunk azt. Vagy segít, vagy nem. A típus ismerete azonban az élet minden területén segíthet kiegyensúlyozottabban, egészségesebben élni. Csak ez a fontos!

Ha odafigyel teste jelzéseire, el tudja majd dönteni, hogy ön Solar vagy Lunar. Ne veszítse el a kedvét, legyen türelmes önmagával. Azok, akik el tudták dönteni a hovatartozásukat, azt mondják, olyan érzés, mintha végre „hazataláltak volna". Szerencsére sokkal kevesebben vannak azok, akiknél nehezebb eldönteni azt, hogy Solar vagy Lunar típusok-e. Tehát türelem! A könnyebb eset az, amikor nagyobb különbség van a két hatás között. Minél nagyobb a számszerű különbség (pl. 7% holdenergia- és 89% napenergia-hatás, vagy 93% holdenergia- és 31% napenergia-hatás), annál egyértelműbb a helyzet, és ahogyan említettük, kevésbé vagy egyáltalán nem tolerálja a szervezet a másik hatást. Abban az esetben, ha a két hatás közel van egymáshoz (98% holdenergia és 79% napenergia), a szervezet hosszabb ideig tűri a típusellenes behatásokat, de nem a végtelenségig.

Egy kis történet a nehezen eldönthető típusról...

– Hagena doktornő fia, dr. Christian Hagena négygyermekes apuka. Ő még kisfiúként ismerhette meg Erich Wilket, aki meghatározó hatást gyakorolt az ő és későbbi családja életére.

A fiatal Hagena házaspár számára magától értetődő volt, hogy a kétféle reakciókat életük minden területén tiszteletben tartsák, és éljenek is ezekkel az ismeretekkel. Egyik gyermekük születésekor a Hold- és Napenergia hatása számszerűen megegyezett. Ő aztán valódi „nehezen eldönthető" típusnak született!

Az újszülöttet az édesanyja mellkasán hasra fektették. A baba tiltakozó sírásba kezdett. Amikor a hátára fektették, elhallgatott, nyújtózkodott egyet, és békésen elaludt. Eldöntötte, hogy ő Lunar.

Amikor ez annak idején szóba került (több mint 20 éve), a kislány már 15 éves volt, és minden tulajdonságában igazi Belégző/Lunarként, egészségesen élte az életét. Pedig a hold- és napenergia-hatás az ő születésekor teljesen megegyező volt. Többen vannak, akik esetében ugyanez elmondható. Tehát létezik a minket *meghatározó energia*!

Egyébként a Hagena házaspár egyik gyermeke sem volt soha komoly beteg. Ha bármilyen probléma is merült fel a kezdetekkor, a gyermekorvos és terluszológus nagymamához mindig fordulhattak támogatásért.

Tanácsaival, szeretetével ő minden esetben segíteni tudott.

Tudjuk, hogy az egészségügyben dolgozó szakemberek megtesznek minden tőlük telhetőt, hogy legjobb tudásuk birtokában, lelkiismeretesen gyógyítsanak és kezeljenek bennünket.

Úgy gondolom, hogy mi is valamennyien hozzátehetnénk ehhez a nagy egészhez legalább két dolgot:

Tegyünk egy kicsivel többet az egészségünk megóvásáért, és ne terheljük fölöslegesen minden apró-cseprő problémánkkal az amúgy is túlterhelt egészségügyi rendszert! Egy fejfájással még nem kell azonnal vérvételre menni!

Mi magunk is képesek vagyunk nagyobb felelősséget vállalni a saját egészségünk és családunk, hozzátartozóink hogyléte érdekében. Hogy a könyvben leírtak az élet milyen sok területén fejtik ki hatásukat, annak illusztrálására ismerjenek meg néhány meglepő adalékot.

# Mozaikok a mindennapi életből...

– A fejfájás egyik gyakori oka lehet a nem megfelelő frizura is. A Solarnak jólesik a homlokába-arcába-nyakába érő haj viselése, mert ezek a testrészei meleg zónák. De a Lunarnak olyan frizura a megfelelő, amelyik ha lehet, szabadon hagyja ezeket a területeket. Mivel koponyaközeli testrészekről van szó, hasznos és fontos lenne tiszteletben tartani a test természetes hőérzékelését.

– A Lunarok általában „agyonlocsolják", a Solarok pedig kiszárítják a virágaikat. Ki-ki a saját természetes vízigénye szerint. A növények vízigénye is más és más.

– Az egészséges diéta nem más, mint a kizárólagos saját típusnak megfelelő táplálkozás. A fogyókúra ugyanaz, de mindenből kevesebbet kell fogyasztani, és ezt hasznos a típusnak megfelelő több mozgással kiegészíteni.

Képzeljék el: a tehenek is vagy a jobb, vagy a bal oldalukon alszanak! A flamingók is a jobb vagy a bal lábukon állnak órákig!

– Két egymással rokonságban lévő tanítványom néhány hónap különbséggel hozta világra kisbabáját. Az egyik baba Solar, a másik Lunar. Egy alkalommal a fiatalok a pelenkázóasztal fölött állva nézték a visító babákat. Az egyiknek a mellkasa tágult a levegővételnél, a másiknak a has köldök alatti része. Azért hívtak fel, hogy ezt a világosan látható kétféleséget elmondhassák nekem.

– A magyar nyelvben is vannak a kétféle légzésre utaló mondások: „Szívd fel magad, és meg tudod csinálni!" „Fújd ki a mérgedet, meglátod, hogy mindjárt jobban érzed magad!"

– Németországi versenylótenyésztők egyike-másika elkezdte a típusnak megfelelő etetést alkalmazni: a Lunar ló több almát és sárgarépát kap, míg a Solar inkább zabot, búzát és lucernát.

– Figyeljék meg, ahogyan az idősek és a kisgyermekek egy lábbal lépcsőznek! Az erősebbik lábukkal felhúzzák magukat a következő lépcsőfokra, a gyengébb lábukat pedig utánaemelik.

– A depresszió gyakoribb betegség, mint gondolnánk! Megfigyeltük, hogy már a neki jó légzés türelmes, szeretetteljes gyakorlása során nem ritkán sírás tör föl a lelkek mélyéről. Akár idős, akár fiatal, akár nő, akár férfi az illető. A jó ritmusban végzett légzés elnyomott, bent „rekedt" feszültségeket oldhat fel. A depresszió egyik jele lehet a felhúzott váll és feszes nyak. Érdemes típusnak megfelelő masszírozással kezelni ezeket a területeket. A vállat a Solarnál paskolással, a Lunarnál pedig körkörös masszírozással lazíthatjuk.

– A Solar anyuka egyszer egy ágyban aludt a kicsi Lunar fiával. Azt érezte, hogy a gyermek szinte „ontja magából a meleget"! (A Lunar legnagyobb testfelülete meleg (+) zóna)

– Megfigyeltük, hogy azok a Solar felnőttek fáznak, akik hosszú időn keresztül nem a saját alvás–ébrenlét ritmusuk szerint élnek, a tartós fáradtság ugyanis felborítja a hőérzékelést. Ehhez sajnos gyakran társulnak egyéb, nem ritkán súlyosabb betegségek is.

– A Solarok, ha főznek, általában nagyon apróra vágják a hozzávalókat. A Lunar inkább elnagyolja az aprítást. Ezen gyakran vitatkoznak is.

– Egy figyelemre méltó megfigyelés az öltözködéssel kapcsolatosan: a Lunar még akkor is szívesebben visel bő, lenge blúzokat, ingeket, ruhákat, ha ezzel nem a fölösleges kilók eltakarása a célja. A Lunar férfiak sem szívesen gombolják be a zakót a has táján. Ösztönösen választ a Lunar bővebb, lezser ruhákat, mivel a felsőteste meleg, *táguló* zóna. Nem szereti a „szűkre szabott" holmikat.

Ezzel szemben a Solar férfiak és nők még akkor is szűkebb ruhákban érzik jobban magukat, ha „lenne mit" eltakarni a has táján. A Solar szeme meleg testzónába esik, ezért szüksége van az impulzusokra. Ő az, aki szívesen visel élénk színű ruhákat, fénylő, csillogó holmikat, öveket és ékszereket.

– Azok a Lunarok, akik vegetáriánus vagy vegán étkezéssel próbálkoztak, szinte kivétel nélkül egy-két hónap elteltével teljesen legyengültek. Többen közülük kórházi ápolásra is szorultak. Meg lehetne próbálni vajjal, tojással, zsírosabb tejtermékekkel pótolni a Lunar szervezet számára fontos (melegítő) zsiradékot.

Ez talán egy elfogadható kompromisszumot jelenthetne számukra.

– A Solar *allergiás asztma* azoknál jelentkezik gyakrabban, akik rendszeresen fogyasztanak vajat, tejfölt, vagy zsírosabb tejet. Ha ezeket elhagyják és megtanulják a nekik jó légzést, a helyzet sokat javulhat. A mellkasra tett gyakori hideg kezelés elvezethet a teljes gyógyuláshoz is. Csak meg kell próbálni!

– A balkezesség kérdésével hosszabb ideje foglalkozó német kollégák megfigyelései szerint minél több dolgot végez a Solar a bal kezével, annál több olyan képességére derül fény, amelyek régebben még nem jelentkeztek nála.

– A Solar főnök általában reggel 08-09 óra tájban tartja az értekezletet, a Lunar inkább reggel 10 után, vagy a délutáni órákban.

– A meditációval, hipnózissal foglalkozó szakembereknek tudniuk kell arról, hogy kinek milyen testhelyzet a legmegfelelőbb a kezelések során. A Lunar esetében zavaró tényező egy ketyegő falióra, mert elvonja figyelmét, és gátolja őt az ellazulásban, a Solar pedig képtelen lesz kikapcsolni a benne lévő feszültségeket, ha a helyiségben túl meleg van.

– Autósiskolákat vezető szakemberek figyelték meg a következő jelenségeket: a Lunar szívesebben kanyarodik balra! Persze, mert a jobb kezével (erőoldal!) biztosabban tudja a kormány balra fordítását irányítani. A Solar jobbra kanyarodik könnyebben. A Lunar gyakrabban okoz gyorshajtásból eredő baleseteket, míg a Solar a vezetés közbeni nézelődésével, vagyis figyelmetlenséggel okolható. (A Lunar szereti a dinamikát, a Solar pedig vizuális típus.)

– Viták a televíziókészülék elhelyezése körül. Ha Lunar dönti el, hogy hova tegyék a készüléket, akkor valahova magasra fog kerülni. A Lunarnak az esik jól, ha a fejét kissé fölemelheti. A Solar ezzel szemben ösztönösen igyekszik valahová letenni a televíziót. Nem ritkán a padlón áll a nagy képernyős készülék. Tipp: ha valahova középtájra tesszük, az mindenki számára jó lehet!

– A Lunar típusnak gyakran van „holdvilágképe", vagyis kerek arcformája. A Solarok inkább hosszúkás arcformával rendelkeznek.

– A Solar inkább sört fogyaszt (hidegen), a Lunar pedig bort, ha lehet, nem túl hidegen.

– A Solar vékonyabb mellkassal és szélesebb csípővel jár jobban. A Lunar általában keskenyebb csípővel és szélesebb mellkassal rendelkezik. Kinek-kinek a hideg (szűkülő) és meleg (táguló) testzónái szerint. A légzőtípusnak ellentmondó (örökölt) testalkat gyakrabban vezethet kisebb-nagyobb egészségügyi problémákhoz. Nem kell megijedni! A megfelelő légzéssel, a megfelelő hideg-meleg kezelésekkel és mozgással nagyszerűen karban lehet tartani a kivételt képező testrészt.

– A Lunar lányok-asszonyok általában nem „darázsderekúak", hiszen a táguló mellkas a derék táját is formálja. Persze itt is van kivétel, ami **nem** erősíti a szabályt, hiszen a **KIVÉTEL** szó azt jelenti, hogy kivételt képez a szabály alól. Egyébként az eredeti latin mondat szó szerinti fordítása így hangzik: **A kivétel a szabály próbája!**

– Néhány szó a cipőkről.

Örömmel látom a hollywoodi vörös szőnyegen gyönyörű ruhákban, néha lapos kis estélyi cipellőkben vonuló sztárokat.

Uraim! Higgyék el, hogy nem a cipő teszi a nőt, hanem a kisugárzása, mint ahogy a férfit sem a széles mellkas és a dús testszőrzet avatja férfivá! (Vagy igen?)

Ha önök tudnák, hogy milyen sok Lunar színésznőnek és énekesnőnek tették már tönkre a bokáját, térdét vagy a lábujjait a magas sarkú cipők! Többeknek ezt is, azt is operálni kellett idősebb korára. Hát megéri olyan elvárásoknak mindenáron megfelelni akarni, amelyek tönkretehetik az egészségünket?

– A tesztalanyok közül többen elmondták, hogy egész életükben nem viseltek sapkát (Lunar), vagy mindig melegben tartották a fejüket (Solar), és ma valamilyen, a koponyából kiinduló betegségben szenvednek. Valószínű, hogy a koponya hideg vagy meleg zónába tartozásának figyelmen kívül hagyása is szerepet játszhat néhány komolyabb betegség kialakulásában.

Tudják, hogy mi az idiotizmus újkori meghatározása?

Mindent ugyanúgy csinálni, mint eddig, és sokkal jobb eredményt várni! (Ez egy akadémikus szájából hangzott el a Magyar Rádióban.)

# De ez még nem minden!
## Pedagógia, párkapcsolatok és családelemzés...

Több mint húsz évvel ezelőtt jártam első alkalommal a két orvos, Charlotte és Christian Hagena által vezetett szemináriumon Mannheimban. Akkor a pedagógiai továbbképzésre jelentkeztem, annál is inkább, mivel már több mint egy éve tanítottam a Zeneakadémia ének tanszékén. Való igaz, hogy már volt némi tapasztalatom a tanítás terén, mégis úgy gondoltam, nem lesz haszontalan számomra, ha új lehetőségeket és szempontokat ismerhetek meg. Solar–Lunar ismereteim akkoriban már eléggé megalapozottak voltak, így felkészülten és hátizsáknyi kérdéssel érkeztem a pedagógiai kurzusra. A 12 fős csoport tagjai elsősorban Németországból érkeztek, de volt angol, holland és osztrák résztvevő is. Európa keleti részét én képviseltem.

Természetesen nagy várakozással és kíváncsisággal utaztam oda, hiszen el sem tudtam képzelni, hogy még milyen további eltérések létezhetnek az egymással ellentétes Solar–Lunar tulajdonságokon kívül. Arról aztán szemernyi elképzelésem sem volt, hogy milyen új dolgokat fogok megismerni, amiket a tanítás terén is hasznosíthatok majd. Ennyi év távlatából is csak azt mondhatom, hogy egyik ámulatból a másikba estem azon a hosszú hétvégén.

Olyan összefüggésekre derült fény, amelyek nem csupán a tanítás területén jelenthetnek segítséget a pedagógus számára. A gyermekkorból magunkkal cipelt fájó élmények és helyzetek is teljesen új megvilágításba kerülhettek a résztvevők számára. Döbbenetes hétvége volt.

Bizonyára önökben is fölmerült a kérdés, van-e annak valamilyen egyéb jelentősége is, hogy a légzőtípus kiszámításakor milyen *számszerű eredményt* kaptunk? Meg tudtuk állapítani, hogy valaki Solar vagy Lunar, de vajon mit jelenthet az, hogy a vezető energia magas számot vagy alacsonyabb számot mutat? Mert van, aki 60%-os Lunar, más 91%-os Solar, esetleg 26%-os Lunar adatot kapott a saját légzőtípus kiszámítása eredményeként. Emlékeznek, ugye? Születésünkkor a Holdenergia és a Napenergia is hatással van ránk, de az erősebbik energia határozza meg a légzőtípusunkat.

Amennyiben a magasabbik érték (hold- vagy napenergia) 50% felett van, az illető teljesen más jellegű karakter birtokosa, mint az a személy, akinél a magasabbik érték is 50% alatt marad. Ebből a szempontból nem az a fontos, hogy valaki Solar vagy Lunar-e, hanem az energia mértéke a meghatározó. A Solar és Lunar típusra jellemző tulajdonságokat a könyv előző fejezeteiben részletesen tárgyaltuk.

Karakterről, különböző viselkedési jellemzőkről eddig még nem esett szó, pedig valóban helytállónak bizonyulnak Erich Wilk azon állításai is, miszerint egy adott élethelyzetben van, aki először gondolkodik, elemez, és csak ezt követően képes a történésekhez érzelmet is társítani. A másik személy viselkedésére inkább a spontán érzelemkinyilvánítás jellemző, cselekedeteinek átgondolása csak ezután következik! Lássuk hát!

Azok a személyek, akiknél a vezető adat 50% fölött van, minél följebb, annál inkább **racionális – emocionális** viselkedési sémát képviselnek.

Akiknél a vezető, a típust meghatározó adat 50% alatt van, minél lejjebb, annál erőteljesebben **emocionális – racionális** gondolkodásmóddal és viselkedési formákkal élnek.

Az 50%-tól emelkedő adat fokozatosan a racionális–emocionális beállítottság felé, míg az 50%-től csökkenő adat az emocionális–racionális irányba mutat. Az 50% feletti energiahatás idején születetteket *magas százalékúnak* is nevezik, mindegy, hogy Solar vagy Lunar az illető. Az 50%-tól alacsonyabb nap- vagy holdenergia hatás idején születetteket pedig *alacsony százalékú*nak is hívják.

Egyik sem jobb vagy rosszabb a másiknál, csak más.

Nézzük most részletesebben, hogy mit is takar valójában a magas százalékú vagy **racionális – emocionális** viselkedésforma.

(Azok, akiknél a vezető energia 50% felett van.)

Az ilyen egyénnek az önértékelése és önbecsülése szempontjából nagy jelentőségű a kívülről jövő folyamatos megerősítés.

Az ilyen típusú gyermek számára a dicséret és a biztatás kis túlzással olyan fontos, mint a levegő. Nagyon nehezen viseli a kritikát és a dorgálást. Az elismerésen és a dicséreten felül nagy szüksége van arra, hogy foglalkozzanak vele. Az ő személyiségében nagyon nagy hangsúllyal van jelen az **ÉN**.

Ha nem kapja meg a környezetétől a számára fontos odafigyelést, akkor különböző formában kiharcolja magának. Betegségek képében is jelentkezhet az elhanyagoltság és mellőzöttség érzése.

A tapasztalatok azt mutatják, hogy az ilyen okokra visszavezethető, leggyakrabban előforduló betegségek egyike az asztma. A bulimia és más, a táplálkozással összefüggő zavarok, de idegi alapú bőrbetegségek (dermatitis) is lehetnek a következmények. Az a kisiskolás, akire nem figyelnek oda kellőképpen, rossz magatartással, rossz osztályzatokkal hívja fel magára a figyelmet. Az ilyen gyermek nem viseli jól a szidást vagy fenyítést. Csak dacot és ellenállást vált ki belőle. A szülő vagy pedagógus jól teszi, ha a kritika vagy dorgálás elé „odacsúsztat" egy dicséretet. „Legutóbb olyan ügyes voltál! Most miért nem vagy képes odafigyelni?" „Tegnap szuper voltál! Most mi van?"

Ha a szülő vagy nagyszülő gyakran kritizálja az ilyen típusú gyermeket, ne csodálkozzon azon, hogy a gyermek kitér az ölelés vagy puszi elől. A különleges anya-gyermek kapcsolatot leszámítva csak azokat a személyeket „engedi közel" magához, akiktől folyamatosan biztatást és dicséretet kap. A racionális-emocionális ember lelkében a mások jelenlétében elhangzott komoly kritika felér a megszégyenítéssel, amit gyakran egy életen át sem képes kiheverni. Az alapvetően racionális beállítottságú személyek esetében a recept: először dicsérni, csak azután kritizálni, de azt is finoman fogalmazva!

A felnőtt racionális – emocionális típus életében fontos szerepet játszik a megtervezés és a dolgok átgondolása. Ő nem dönt csak úgy „zsigerből", ahogyan mondani szokták. Jól megrágja, megindokolja a döntéseit.

Említettem, hogy a racionális – emocionális beállítottságú személyeket magas százalékúnak is nevezik. Fontos kihangsúlyozni, hogy a magas vagy alacsony százalékú megnevezés csupán a magnetikus energia mértékére utal. Ha a meghatározó nap- vagy holdenergia a születéskor magas volt, 50% feletti vagy még magasabb, akkor magas százalékú személyről beszélhetünk. Fontos kihangsúlyozni, hogy minél magasabb, vagyis minél inkább az 50% fölött van a vezető hold- (Lunar) vagy napenergia (Solar), annál erőteljesebben vannak jelen az eddig említett karakterjegyek. Vagyis 50%-tól fölfelé az érték növekedésével arányosan nő az említett tulajdonságok erőssége is. Aki például teliholdkor született és 100%-os Lunar, az nagyon könnyen megsértődik egy apró kritika hallatán is. Ugyanez vonatkozik arra, aki véletlenül június 21-én, a legmagasabb napenergia-hatás napján született. Ő 100%-os Solar, vagyis szintén nagyon magas százalékú. Ugyancsak „érzékeny" a kritikára.

– Az első osztályomban tanítványaim egyike 100%-os Lunar kislány volt. Nem volt szokásom durván és kíméletlenül kritizálni bárkit is, inkább a finomabb, kedvesebb formában történő kritizálás híve vagyok. Az egyik énekórán ez a kislány úgy énekelt és reagált mindenre, mint egy kis angyal, ezért folyamatosan csak dicsértem őt. Amikor az óra végén kilépett a teremből, az ajtó résén még egy pillanatra bedugta a fejét. „Tanárnő! Nem lehetne minden énekóra ugyanilyen?" – kérdezte. „Nagyon örülnék neki!" – válaszoltam én. Hiszen aznap öröm volt őt hallgatni és látni. A pedagógiai szeminárium után értettem meg, hogy ő elsősorban a folyamatos dicséretre gondolt…

– Meglepően sok idősebb tesztalany mesélt arról, hogy szülei valamelyike a legkisebb hibáira is úgy reagált: „Így semmi sem lesz belőled!" „El se kezdd, úgysem tudod megcsinálni!" „Hogy lehetsz ilyen béna?"

Hát ezért szükséges beszélni ezekről a már gyermekkorban „beültetett" romboló hatásokról! Nagyon sokan valóban egy életen át nem heverik ki ezeket a megsemmisítő mondatokat. Bátortalan, bizonytalan emberekké válnak, akiknek sok nehézsége adódik életük során. Ők a „lúzerek", akik mindig mindent elszúrnak, akiknek semmi sem sikerül.

Ezen a pedagógiai továbbképzésen sokunk számára más színben tűntek fel szüleink ellenünk elkövetett „vétkei" is. Hiszen ők is ugyanúgy sérülhettek, ugyanúgy szenvedhettek az elismerés vagy megbecsülés hiányától, mint mi, a gyerekeik. Ha ennek a megértése másokat is hozzásegít a megbocsátani tudáshoz, már akkor sem írtam hiába ezt a könyvet.

– Volt egy édesapa a környezetemben, akinek semmi sem volt elég jó, amit a fia csinált. A fiatalember húszas éveihez közeledve romokban hevert apa és fia kapcsolata. Amikor felhívtam az apa figyelmét arra, hogy milyen sokat jelentene a fia számára az elismerés és a biztatás, így válaszolt: „Mit dicsérjek rajta, amikor soha semmi elismerésre méltó dolgot nem csinál?" Hozzátenném, hogy ez a fiatalember is igyekezett minden lehetséges módon felhívni magára a figyelmet kisiskolás korában. Lógott az iskolából, aláírást hamisított, hazudozott. Végül az apa idősebb korára belátta, hogy megromlott kapcsolatukat csak úgy hozhatja helyre, ha alkalmasint megdicséri a fiát. Legnagyobb örömömre kettőjük kapcsolata azóta fokozatosan javul.

– Egy teljesen rekedt, 11 éves kisfiút hoztak egyszer hozzám, aki szinte kiabálva beszélt. Rossz volt hallgatni, ahogyan a gyermek a beteg hangszalagjait gyötri. A megismerő, elemző beszélgetés során kiderült, hogy van egy pár hónapos kistestvére. Ez a Lunar kisfiú, akinek nem szabadna kifele „tolnia" a levegőjét, vagyis kiabálnia, a túl hangos beszéddel igyekezett a családban addig elfoglalt helyét „megtartani". 93%-os Lunar volt, akinek most sokkal kevesebb figyelem jutott, mint eddig. Átküldtem őt a szomszéd szobába zenét hallgatni, azzal, hogy majd érdekel a véleménye a zenét illetően. Az édesanyjával addig megbeszéltük a szükséges teendőket, hogyan tudunk együtt, közös odafigyeléssel a gyermekének segíteni. A Lunar légzőgyakorlatokat hamar megtanulta a kisfiú, a család pedig jobban odafigyelt rá. A fiatal test, így a beteg hangszalagok is még könnyebben regenerálódnak, de így is szükség volt két teljes hónapra a gyógyuláshoz. Az édesanyának annyira megtetszett a Solar–Lunar típustanítás, hogy arra kért, egyszer hadd jöjjön el a férjével.

142

Azt mondta, hogy nekik is komoly problémáik vannak, egy nyugodt beszélgetés bizonyára segíthetne a kapcsolatukon. Tudjuk, hogy a férfiak – kevés kivételt leszámítva – nem olyan nyitottak az ilyen jellegű ismeretekre, ez esetben mégis az volt a lényegesebb szempont, hogy „legalább" nem vagyok pszichológus!

Találkoztunk hát hármasban. Nem csak a Solar–Lunar különbségek voltak jelen a kapcsolatukban, ráadásul a férj magas százalékú volt, a feleség pedig alacsony. A magas százalékú, elsősorban racionális beállítottságú férj nem tudta úgy kifejezni felesége iránti érzelmeit, ahogyan az igényelte volna. Ahol mély és őszinte érzelmek képezik a kapcsolat alapját, ott minden esetben rendbe hozható a párkapcsolat. Mivel mindkét részről egyformán jelen volt a jobbító szándék, a harmónia helyreállítása nem ütközött különösebb nehézségekbe.

Jó tudni azt is, hogy a magas százalékú személyek jóval teherbíróbbak, mint az alacsony százalékúak, akár Solar, akár Lunar az illető.

Az említett házaspárnál is problémák adódtak, ami a teherbírást illeti. A férj belátta, hogy neki is intenzívebben ki kell vennie a részét a gyerek neveléséből. Így ő kapta azt a feladatot, hogy a kisfiával megbeszéljen mindent, és közös „fiús" programok keretében gyakran éreztesse vele, hogy ugyanolyan fontos a családban, mint a kistestvér megérkezése előtt. Apa és fia vállalták a bevásárlásokat, ami nagy segítséget jelentett az édesanyának.

Néhány hónapja találkoztam velük az utcán. Jó volt rájuk nézni!

A racionális és emocionális beállítottságú emberek kapcsolata komoly kihívást jelent minden érintett számára. Ugyanakkor a különbözőség miértjével való szembesülés nagyban megkönnyítheti az ilyen „vegyes" pár- vagy családi kapcsolatok működését. Ha mindenki tisztában van azzal, hogy a másik miért úgy reagál, ahogy, az lényegesen könnyebbé teheti a mindennapi életet, mivel van lehetőség arra, hogy a helyzeteket megfelelően kezelhessük. Hiszen van elég megoldandó és elviselendő kapcsolati probléma az otthon falain kívül is.

Nézzük meg közelebbről az **emocionális–racionális**, vagyis az alacsony százalékúnak is nevezett embertársaink karakterének, viselkedésének jellemzőit.

Megismételném, hogy az *alacsony százalékú* megnevezés csupán annyit jelent, hogy az illető születésekor a földi életre ható magnetikus energiák hatásfoka nem haladta meg az 50%-ot. Minél kevesebb, mint 50% a vezető nap- vagy holdenergia, annál erőteljesebben jelentkeznek az illető személy karakterében a következő jellemzők:

Az emocionális–racionális személy esetében az ÉN jóval kisebb súllyal esik a latba. Vagyis az ő „fontossági sorrendje" elsősorban a vele-körülötte élők érdekeit tartja szem előtt. Önmagára csak a sor végén gondol.

Érzelmileg könnyebben manipulálható, „kihasználható" az emocionális beállítottságú személy. A dicséretet és az elismerést nem igényli olyan mértékben, mint a szeretetet és a személyéhez való ragaszkodás különböző megnyilvánulásait. Rá inkább az érzelmein keresztül lehet hatni. Ő az, aki „ráérez" a dolgokra. Megbántani vagy megalázni is az érzelmein keresztül lehet. Számára a drága ajándék helyett egy kedves levélke többet jelenthet: „Legyen szép napod! Szeretlek!" „Nagyon hiányzol! Várunk haza!" A szeretet és ragaszkodás ilyen apró jeleitől is madarat lehet fogatni vele.

Ahol szeretetre, egy ölelésre van szükség, az alacsony százalékú ember ott megtalálható. Gyakran választ olyan munkaterületeket, ahol kiélheti erősen érzelmi töltetű adni akarását, segítőkészségét. Sokan vissza is élnek ezzel. Hajlamos néha túl sok érzelmet belevinni a kapcsolataiba, ami gyakran terhes is lehet mások számára. Minden őt érő külső hatást először az érzésein, érzelmein keresztül reagál le, és csak azután gondolja át a történteket. A spontán ötletek embere; a megtervezés, átgondolás nem jellemző rá, nem az ő világa.

Terveit, gyakori spontán ötleteit legtöbbször gyorsan és örömmel igyekszik megvalósítani, nem hagyja magát túl sok „agyalással" a saját maga által kitűzött céloktól eltéríteni. Ez a tulajdonsága frissítőleg és felszabadítólag hathat a szerinte mindent túltervező, agyonszervező magas százalékú környezetére.

Az emberiség *háromnegyed része magas százalékú* (Salieri), és csak *huszonöt százaléka alacsony százalékú* (Mozart).

(A mai világban a Salieri-típusú emberek képesek jobban érvényesülni.)

Természetesen az alacsony százalékú személy is rendelkezik önérzettel és önbecsüléssel, de az ÉN szerepe távolról sem olyan jelentős számára, mint magas százalékú embertársai esetében. Könnyebben viseli a kritikát, sőt igényli, jó néven veszi a segítő, támogató észrevételeket, főleg, ha azok szeretetből, féltésből fakadnak.

– Alacsony százalékú Lunar kislányt tanítottam egyszer, aki beleszeretett egy az édesapjával egykorú férfiba. A kislány akkor még csak 17 éves volt. Zokogva mesélt erről a megoldhatatlannak látszó dilemmáról. Az érzelmei mélyek és erősek voltak, de őt és öccsét egyedül nevelő özvegy édesapja hallani sem akart erről a szerelemről. Mit csináljon? – kérdezte tőlem kétségbeesetten. A szó legtisztább értelemben megesett a szívem rajta. Ismertem az édesapját, aki egy racionális beállítottságú ember volt. Azt javasoltam a kislánynak, hogy keressen egy nyugodt, békés alkalmat, amikor lehetősége nyílik az édesapjával kettesben beszélgetni. Mondja el neki, hogy milyen nagyra értékeli azt az erőfeszítést, törődést és szeretetet, amivel felé és öccse felé fordul édesanyjuk halála óta. Ezután próbáljon meg beszélni a saját, a férfihoz fűződő érzelmei komolyságáról. Javasolja édesapjának, hogy ha betölti a 18. évét és még mindig ilyen mély és komoly ez a szerelem, járuljon hozzá ahhoz, hogy összeköltözhessen a szeretett férfival. Így is történt!

Azóta van négy gyermekük, és boldog nagy családot alkotnak. Az édesapa pedig beleszeretett a veje húgába, aki nemrégen veszítette el súlyos beteg társát. Mint a mesében – de ez a mese egy igaz történet.

Kedves Olvasó!

A tapasztalatok megerősítenek abban, hogy a Solar–Lunar típus ismeretén felül milyen nagy jelentőségű lehet az alacsony vagy magas százalékú, racionális vagy inkább emocionális beállítottság ismerete is. Az idősebbek közül elgondolkodtatóan sokan nyilatkoztak arról, hogy úgy érzik, őket nem szerették a szüleik annyira, mint a testvérüket.

Az ilyen témájú beszélgetésekből arra következtettem, hogy sokan a „szeretet" hiánya alatt a velük való túl kevés törődést, a hiányzó dicséretet és elismerést értették... Minden esetben ellenőriztem: a legtöbben közülük magas százalékúak voltak.

Egy másik, több mint 70 évvel ezelőtti történet...

A szerény falusi körülmények között élő család beteges, vékonyka leánygyermekét hegedűórákra járatták a szülők. A kislány ebben nagy örömét lelte. A bátyjának kellett oda-vissza vinnie a kislány hangszerét, megvárni a hegedűóra végét, azután hazakísérni a húgát. A kislány nemsokára meghalt. Az édesanya éveken keresztül naponta többször is magával vitte a temetőbe a fiútestvért a lánya sírjához. Ez a fiú egy szeretetre éhező, alacsony százalékú emberke volt, de „minden csak a húga körül forgott". Idős, beteg korában még a halálos ágyán is csak azt hajtogatta: „Engem nem szerettek a szüleim. Csak a húgom volt nekik fontos, még a halála után is!"

*Családelemzés*: Mindkét szülő és a beteg kislány is magas százalékú, racionális beállítottságú ember volt. Említettük, hogy a magas százalékúak nehezebben mutatnak ki érzelmeket, nem tartoznak a könnyen ölelkező, vagy az érzelmeikről könnyedén beszélni tudók körébe. A kisfiú pedig nagyon igényelte volna a kinyilatkoztatott szeretetet, hiszen számára ez létfontosságú megerősítés lett volna. Az ebben jártas szakemberek gyakran használják erre az „érzelemszegény környezet" kifejezést. Hát ebben a családban a kisfiú számára valóban ez volt a helyzet. A pedagógusok is sokat vitatkoztak, vitatkoznak ma is azon, hogy kell-e gyakrabban dicsérni, biztatni a gyermekeket. Ismereteim birtokában azt mondanám, hogy kell, mivel a gyerekek nagyobbik része magas százalékú, akiknek erre nagy szüksége van. Azt viszont észre kellene venni, ha egy gyermek nem igazán igényli az elismerést, inkább szégyenlősen reagál a dicséretre, mert ő valószínűleg emocionális típus, akinek egy buksi-simogatás többet jelent! A gyermekek (és felnőttek) szókincse is árulkodó lehet ebből a szempontból.

Az érzelmeket kifejező és tartalmazó szavak – szeretném, örülnék neki, boldog lennék, vágyom rá – az emocionális típusra jellemzőek. Az is, ha gyakrabban elérzékenyül!

A racionális típus inkább használ „józan" szavakat és kifejezéseket, mint például: azt gondolom, úgy tervezem, hogy... Ha meg tudom szervezni, ha minden összejön...

Ezért sem könnyű egy racionális és egy emocionális beállítottságú ember együttélése. Hiszen gyakran „elmennek egymás mellett", vagyis nem értik (nem érzik), hogy mit is akar (szeretne) a másik.

Azon a bizonyos pedagógiai továbbképzésen, több mint húsz évvel ezelőtt hangzottak el a következők:

– Egy apuka megkérdezte, hogyan magyarázza el a 3 éves fiának, hogy miért nem szabad átmennie az úttesten, ha piros a lámpa.

„Ha magas százalékú, akkor így: *Fiam! Ha kimégy az úttestre, jöhet egy autó, ami elüt téged, és akár meg is halhatsz.* Csak ezt követően kell hozzátenni: *Szomorú lennék, ha ez megtörténne veled.*

Ha alacsony százalékú, akkor így: *Kisfiam! Tudod, hogy menynyire szeretünk téged. Ha elütne egy autó, nagyon szomorúak lennénk.* Ezt követheti a magyarázat: *Kórházba is kerülhetnél, az is előfordulhat, hogy belehalsz a sérülésekbe.*" – mondta Hagena doktornő.

– A város szélén vásárolt házat egy ügyvéd házaspár. Mivel a nekik tetsző ház messze volt az irodájuktól, mindketten vásároltak egy autót is. Az alacsony százalékú feleség bement az autókereskedésbe, és félórán belül megvásárolta a neki tetsző gépkocsit. Magas százalékú férje két napig gondolkodott, mindent pontosan számba vett és összehasonlított.

Két nap múlva a garázsfeljárón két ugyanolyan autó állt, csak különböző színben!

A párkapcsolatok terén nagy jelentőségű lehet, hogy ki-ki milyen típus. Solar vagy Lunar-e, és alacsony vagy magas százalékú viselkedésminta jellemző az illetőre.

A kezdeti nagy érzelmek normalizálódásával párhuzamosan mindenki egyre világosabb képet kap a másik ember szokásairól, elvárásairól és igényeiről. Minden esetben toleranciára és megértésre van szükség ahhoz, hogy a kapcsolat lehetőleg mindkét fél számára kellemesen és kielégítően alakulhasson. Évekkel ezelőtt egy tanítványom azt kérdezte tőlem: Miből lehet tudni, hogy egy párkapcsolat teljesen jól működik? Valami ilyesmit mondtam: Ha mindkét fél minden tőle telhetőt megtesz azért, hogy a *másik élete* szebb, könnyebb és boldogabb lehessen… Ha valóban ez lenne a célja a partnereknek, akkor nem lenne olyan sok válságban lévő kapcsolat. Erről ma is ezt gondolom.

A magas százalékú fél racionalitása, tervező, elemző hozzáállása ugyanúgy hasznára lehet a kapcsolatnak, mint ahogyan az alacsony százalékú fél érzelmeket, több romantikát és lazaságot vihet bele a közös életbe.

Természetesen egyszerűbben működik két magas százalékú fél kapcsolata, de tenniük kell azért, hogy a kapcsolatban megőrizhessenek a kezdeti érzelmek gazdagságából is. Az persze előfordulhat, hogy egyikük Solar, másikuk pedig Lunar. Ebben az esetben is van mit tenni a kapcsolat zökkenőmentes, kellemes működőképessége érdekében, hiszen az egyikük fázik, a másiknak melege van. Az egyik éhes, a másik még nem szeretne enni. Az egyiknek túl hangos, a másiknak túl halk a televízió. Abban az esetben, ha nem ragaszkodik a pár ahhoz, hogy mindig mindent együtt csináljanak, jó eséllyel építhetnek egy hosszú távú, kellemes, jól működő partnerkapcsolatra.

Amikor Berlinbe kerültem, eleinte csodálkoztam azon, hogy milyen sok házaspárnak külön hálószobája van. Ma már tudom, hogy sok esetben kifejezetten hasznára válna a kapcsolatnak, ha ki-ki a neki legkellemesebb módon tölthetné az éjszakát. Az egyik ember télen is nyitott ablaknál szeret aludni, a másik csak besötétített szobában. Egy alkalommal német házaspár kollégáim megmutatták nekem az otthonukat. A külön hálószobán kissé elcsodálkoztam. „Tudod, milyen szuper újra és újra randizni a feleségem hálószobájában?" – mondta a férj.

Ha két alacsony százalékú partner él egy fedél alatt, ott fennállhat az a veszély, hogy csapongó, spontán életvitelük a rendezettség és működőképesség „követelményeinek" nem biztos, hogy megfelel. Az ő esetükben érdemes rendszeresen megbeszélni az aktuális tenni- és intézni valókat, és egymás szeretetteljes támogatásával rendben tudják tartani közös életüket.

Környezetemben jóval több azoknak a párkapcsolatoknak a száma, amelyekben két magas százalékú fél él együtt. Tudni kell, hogy ez sem garancia a boldog közös életre, még akkor sem, ha mindketten Solarok vagy Lunarok. Ha a kapcsolat nem kölcsönösen őszinte érzelmekkel indult, ott hiányzik a legfontosabb, a jó minőségű „malter", az igazi összetartó erő. Az érdekkapcsolatok is csak akkor működőképesek hosszú távon, ha ki-ki élheti a saját életét és nincsenek olyan elvárásai a másikkal szemben, amelyeknek az nem képes megfelelni. A mai, sok bizonytalansággal teli világban nem a véletlen műve, hogy egyre több fiatal dönt úgy, hogy nem alapít családot. Az egészen biztos, hogy együtt minden könnyebb lehet, ha valóban támogatják, segítik és szeretik egymást a felek. Ez kell, hogy az élet célja legyen! Hiszen egy családban élni, összetartozni, szeretetet adni és kapni, gondoskodni egymásról egészen biztos, hogy a legszebb és legemberibb dolgok közé tartozik az életben.

Hiszen annyi minden zajlik körülöttünk a világban, ami nyugtalanító és elbizonytalanít bennünket. Az állandó politikai csatározásokba, a szűnni nem akaró mocskolódásokba és hazugságokba is belefáradtunk már. Talán még soha nem volt olyan fontos a családi és értékes baráti kapcsolatok jelenléte az életünkben, mint most. Csak ezekbe a kötelékekbe kapaszkodhatunk, ezek adhatnak hitet, kedvet és erőt a mindennapok megéléséhez vagy elviseléséhez. Vigyázzunk rájuk, mert nagy kincsek!

„Az ideológiák szétválasztanak minket, az álmok és a kínok összehoznak!" (Eugene Ionesco)

Kedves Olvasó!

Azok az általam ismert párok és családok, akik már régebb óta ismerik és alkalmazzák az életükben a kétféleségben rejlő lehetőségeket, nagyon jó tapasztalatokról számolnak be. Sok fölöslegessé vált vita és feszült hangulat került kiiktatásra a családok életéből.

Lenne itt még néhány említést érdemlő szempont! A nehezen eldönthető típusra is ugyanúgy vonatkoznak az alacsony vagy magas százalékú viselkedés jellemzői. Vagyis, ha valaki 98%-ban Lunar és 97%-ban Solar, a kapott adatok szerint ő is magas százalékú karakter és viselkedés szempontjából, méghozzá nagyon erősen.

A tapasztalatok azt mutatják, hogy az ilyen adatokkal rendelkező embertársainknál még hatványozottabban van jelen a magas százalékúra jellemző valamennyi tulajdonság. Ha az adatok például 7% Solar és 8% Lunar értéket mutatnak, akkor az alacsony százalékúra jellemző viselkedésforma a meghatározó. Említettük már, hogy azok, akiknél nehezebben eldönthető, hogy Solar vagy Lunar típust képviselnek-e, ne legyenek türelmetlenek önmagukkal szemben. Továbbsegítheti őket az, ha tudják magukról hogy alacsony vagy magas százalékúak. Ebben a döntésben a tényszerű gondolkodás, vagyis a racionalitás többet segíthet az alacsony százalékú személynek is. Kérje egy barát segítségét!

Megállapíthatjuk, hogy ez az új szemlélet sem segít azonnal mindenkinek. Az azonban biztos, hogy többeknek segíthet teljesen egyértelműen, mint eddig bármilyen más szempontrendszer. Az esetek többségében nem kell tovább kísérletezni, keresgélni, hogy kinek mi a jó. A családokban föllelhető „fekete bárányok" mibenléte is sokkal érthetőbb és világosabb képet fog mutatni, mint eddig.

Ugyancsak érdekes dolgok kerülhetnek napvilágra, ha a légzőtípus és a pontos számok ismeretében **családelemzést** készítünk.

Javasolnék valamit:

Egy papírra rajzoljanak fel egy 10 cm hosszú vonalat. Lehet vízszintesen, vagy akár függőlegesen is, kinek hogy tetszik. Az egyik végét jelöljék 0-val, a másikat 100-zal. A vonal közepére pedig jelöljék be az 50-et. Így rendelkezésre áll egy nagyon egyszerű diagram. Ezen egy-egy színes vonalkával körülbelül be lehet jelölni minden családtagot, hogy ki milyen százalékot képvisel.

0               50               100

Így szemmel is látható lesz, hogy melyik családtag hová esik ezen a kis ábrán. Kinek a neve kerül 50% fölé, kié pedig alá, és mennyire közelít az adat 0-hoz vagy a 100%-hoz. Ez nem egy tudományos igényességgel készített diagram, csak annyi szerepe van, hogy a családtagok számára szemléltesse azt, hogy ki-ki hol látható ezen a *-tól, -ig* ábrán.

Például egy képzeletbeli család adatai a következőek: Anya 87% Lunar, Apa 67% Solar, kisebbik lány 54% Solar, nagyobbik lány 21% Lunar.

Ebben a családban van két Solar és két Lunar családtag. A tulajdonságok alapján, amelyeket bőségesen tárgyaltunk a könyv elején található fejezetekben, tudjuk, hogy kinek-kinek mi tesz jót, és mi az, ami betegséget idézhet elő. Egy kis odafigyeléssel és toleranciával ezek kezelhető dolgok. Ami már feladat elé állíthatja a családot, az az emocionális vagy racionális alapbeállítottságú tulajdonságok kezelése. Ez a képzeletbeli család nem is annyira „képzeletbeli", hiszen említettem már, hogy az emberek nagyobb számban racionális – emocionális viselkedéstípusba tartoznak, és csak körülbelül 25 százalék az elsősorban emocionális, vagyis alacsony százalékú egyén közöttünk.

Ebben a tipikusnak mondható családban is van egy „fekete bárány", a 21%-os Lunar nagylány. Ő kilóg a sorból. Vele problémái lehetnek a család többi tagjainak, hiszen ő másképpen reagál és viselkedik, mint a többiek. Ő az, aki „hisztizik", nem ritka, hogy sírva fakad, elmenekül otthonról, hiszen őt senki sem *érti*

meg. Kisgyermekkorban rá jellemző leginkább a „csak-azért-is"
viselkedés, ha a szülők nem az érzelmein keresztül akarnak va-
lamit megértetni vele.

A kamaszkor határfeszegető kísérletei még jobban elmér-
gesíthetik a helyzetet a nagylány és a család többi tagja között.
Annál is inkább, mivel a három racionális beállítottságú érin-
tett könnyebben jut közös nevezőre egymással, ami még inkább
kirekesztheti a család negyedik tagját. A „Bezzeg a húgod!"-fé-
le kijelentések pedig csak tovább rontják a helyzetet. (Említet-
tem az idős férfi esetét, aki még a halálos ágyán is azt hajtogat-
ta, hogy őt nem szerették a szülei.)

Itt most egy nagyon hasonló helyzet állt elő. Az „értsd már
meg!" és a „ne hisztizz!" ebben az esetben nem segít. Csak az
jelenthet megoldást, ha a család többi tagja el tudja fogadni a
nagylány erőteljesebb érzelmi beállítottságát, és ennek meg-
felelően kezeli a különböző vitás helyzeteket. Ha a többi csa-
ládtag számára érthetőbb és kezelhetőbb lehetne a másféle
viselkedés, bizonyára mindenki számára egyszerűbb lenne az
élet. Elemeztük, hogy az alapvetően emocionális beállítottsá-
gú embertársunkat hogyan kell kezelni, miért kell másképpen
viselkedni vele, hogy a közös érdekek így zökkenőmenteseb-
ben érvényesülhessenek. Ha nem bosszantó „feladványként"
éljük meg a másságot, hanem természetesként kezeljük, az-
zal mindenki csak jól járhat. Ezekkel a különbségekkel foglal-
kozni kell, mert jelen vannak, akár tetszik nekünk, akár nem.

A szülőknek lesz sokkal könnyebb dolguk a két különböző
beállítottságú lánnyal, ha a nekik megfelelő módon tudják ke-
zelni őket már a kezdetektől. Az egyiket racionális érvekkel,
míg a másikat érzelmi oldalról megközelítve.

Amikor arra a pedagógiai továbbképzésre utaztam, még nem
sejtettem, hogy az én gyermekkoromban lezajlott, feloldhatat-
lannak látszó ellentétek hátterére egy napon majd magyarázatot
fogok kapni. Nem érzem árulásnak, ha tanulságképpen – mivel
esetek sokasága hasonló konfliktusokra volt visszavezethető –
megosztok egy személyes történetet. Édesanyám hároméves
volt, amikor édesapjára és sok munkatársára rászakadt a bánya.

Édesanyja őt és akkor nyolcéves bátyját egyedül nevelte. Felnevelni őket sajnos nem maradt ideje, mert néhány évvel később elütötte őt egy autó és szörnyethalt. A két gyerek a keresztszülők családjai között vándorolt, amíg a fiú nem vált nagykorúvá. Megtűrt „szükséges rosszként" kezelték őket a jólelkű rokonok.

A „könyörület" nevében nem engedték, hogy az állam gondozásba vegye a testvéreket, de azon kívül, hogy enni kaptak és a napi szükségleteikről gondoskodtak, nem sokat törődtek velük.

Édesanyám magas százalékú gyermek volt, akiben olyan mély nyomokat hagytak azok az évek, hogy az említett idős férfihoz hasonlóan haláláig perlekedett a sorssal, ami kegyetlenül, kisgyermekkorban elvette tőle a szüleit. Ezt soha nem tudta kiheverni. Egész lényében sérült maradt egészen haláláig. Soha nem kapott biztatást, elismerést, támogatást, így szinte programozva volt, hogy kisiklik az élete. Betegesen igyekezett mindennek és mindenkinek megfelelni, hogy ne érje őt még több sérülés. Az első, hozzá „két jó szót szóló" férfinak szült egy gyermeket 16 évesen. Nem is hinnék, hogy milyen sok ehhez hasonló történetet hallottam az évek során...

Egy másik szélsőséges esetet is megemlítenék, ahol az ugyancsak négytagú család úgy állt össze, hogy anya, apa és az idősebb fiú emocionális beállítottságú egyének voltak. A kisebbik fiú volt egyedül racionális, magas százalékú. Ez esetben ő volt a „fekete bárány", mert sehogyan sem tudott „beilleszkedni" a laza, spontán elvek alapján működő, eléggé szélsőséges érzelmi skálán élő családba. Senki másnak rajta kívül nem volt fontos a dicséret és a biztatás, és ő sem tudta jól megfogalmazni, hogy ez mennyire hiányzott az életéből.

A fiatalemberből énekes lett. Amikor én megismerhettem őt, az édesanyja már nem élt, az édesapjával és a bátyjával pedig olyan rossz volt a kapcsolata, hogy az szinte felőrölte őt. Nem a hangja volt beteg, hanem a lelke. Amikor közösen megcsináltunk egy családelemzést és megértette, hogy nem az ő hibája volt, hogy így alakult az életük, olyan mélyről fakadó zokogásban tört ki, amilyet csak ritkán hall az ember...

Azóta rendeződött a viszony időközben idős, beteg apja és közte. Édesapja bocsánatot kért tőle, hogy „ha tudta volna..." A bátyjával is sikerült egy hosszú beszélgetés alkalmával megbékélést találniuk. Bátyja kisebbik fiának ő lett a keresztapja. (A feleség ott is alacsony százalékú, és a nagyobbik fiuk is.) A sors újra próbára akarta tenni a családot...

A jelenlegi helyzet ugyanis tökéletesen megegyezik a saját családjukéval. Van három alacsony százalékú, emocionális beállítottságú családtag, és ott van a kisebbik fiú, akinek biztatásra, megerősítésre, odafigyelésre van szüksége. (A vicc az, hogy az ilyen családokból van sokkal kevesebb!) Az utolsó találkozásunkkor ez az énekes fiatalember egy nagy csokor virággal érkezett. „Tanárnő! Úgy érzem, mintha én magam begyógyíthatnám a saját gyermekkoromban elszenvedett lelki sebeimet. Amikor a keresztfiam boldogságát látom, amikor találkozunk és közös programokat csinálok vele, érzem, ahogyan az én lelkem is gyógyul."

Amikor becsuktam az ajtót mögötte, arra gondoltam, hogy ezért érdemes élni...

Ismerek olyan szerencséseket, ahol mind a három vagy mind a négy családtag Solar és magas százalékú. Boldogan, zökkenőmentesen élnek itt is, ott is. A magas százalékú idősebb és fiatalabb párok is harmonikus kapcsolatokban élnek, és jól „megértik" egymást. A vegyes családokban jobban oda kell figyelni egymásra, kölcsönösen tolerálni és támogatni kell a másikat, hogy mindenki fontosnak érezhesse magát.

Ha a családi kupaktanács összeül és megbeszélik egymással, hogy ki mit és hogyan szeretne, meg fognak lepődni azon, hogy mennyire egyszerű lehetne a „békés egymás mellett élés". Ha tudják, hogy ki miért kel későn, miért fázós, miért sértődik meg olyan könnyen, miért nem szereti a meleg levest, miért fakad olyan könnyen sírva, miért nem rohan soha sehová... Megértőbbek, elfogadóbbak és valamennyien derűsebbek lehetnénk.

Megkönnyíthetjük egymás számára az „egy fedél alatt" élést, és egy csipetnyi humorral lényegesen könnyebben kezelhetővé válhatnának az eddig problémás, nehéz élethelyzetek mindenki számára.

Ne engedjük meg, hogy bárki is a családban kirekesztve, nem szeretve, értéktelennek vagy nem oda tartozónak érezhesse magát. Ha nem ezért család a család, akkor miért? Csak így van értelme az összetartozásnak, ha valóban tiszteljük és támogatjuk egymás életét, céljait. Mindegy, hogy a partnerünkről, a gyerekeinkről vagy a barátainkról, munkatársainkról van szó. Meg kell tölteni valós tartalommal, szeretettel és gondoskodással a család fogalmát. Talán még soha nem volt erre ilyen nagy szükség, mint napjainkban.

Kedves Olvasó!

Bízom abban, hogy az ön és családja számára is segítséget és támaszt jelenthet majd a kétféleség mibenlétének megismerése. A könyvbe került idézetek útmutató, fehér kavicsokként kísértek engem életem során. Hol itt, hol ott bukkantak fel előttem. Ami gyakrabban az utunkba kerül, az nem a véletlen műve. Mindig is úgy gondoltam, hogy az életünkben újra és újra felbukkanó dolgok valamit tanítani akarnak nekünk. A számomra igazán fontosakat minden új naptárba átírtam, hogy ne tévesszem őket szem elől. Ezért ezeket is megosztottam önökkel, remélem, nem bánják.

*„Birtokában vagyunk egy csodálatos agynak, melynek bonyolultsága és teljesítőképessége olyan hatalmas, hogy még felfogni is képtelenek vagyunk. Ez a csodálatos, másfél kilós szerv százmilliárd sejtet tartalmaz, és óránként százmillió bit információt dolgoz fel."*
(Brian Tracy)

Ennek a szuper computernek, az agynak a tulajdonságairól és működéséről egyelőre nagyon kevés konkrét ismerettel rendelkezünk. Nem állíthatjuk tehát, hogy olyan elektromágneses impulzusok, mint a Nap szűkítő (–) vagy a Hold tágító (+) energiája a születéskor nem lehetnek hatással az agy egy bizonyos pontjára, vagy pontjaira, így meghatározva és befolyásolva tulajdonságaink kialakulását. Hiszen e két bolygó földi életre gyakorolt hatásairól egyre több ismerettel rendelkezünk, de ezeket a hatásokat az emberre is kivetítve még soha nem vettük felelősséggel górcső alá. Pedig vannak ismereteink arról, hogy a tágító és szűkítő tendenciák behálózzák egész életünket. Ezek a hatások mindig is itt voltak, ma is itt vannak a szemünk előtt, csak még alaposabb vizsgálatoknak kellene őket alávetni. Az egészen biztos, hogy nem egyformán lélegzünk! A kétféleképpen egészséges légzésből pedig láncreakcióként következik minden egyéb. Ez a kétféleség pedig mindent meghatároz, és átszövi egész életünket. Plusz-mínusz, hideg-meleg, korán kelő-későn kelő...

Ráadásul már arra sem hivatkozhatunk, hogy mindez tudományosan nincs bizonyítva, hiszen részben már bizonyítást nyert. Vagy ami nem lehet, az nincs is? Hátha mégis!

Kedves Olvasó!

Ha önnel, önökkel is történtek a könyvben leírtakhoz hasonló esetek vagy kérdésük lenne, írjanak nekem! Örömmel venném a témával kapcsolatos tapasztalataikat és történeteiket.

Tisztelettel és szeretettel:

Nádor Magda
(melyikvagyoken@gmail.com)

# Utószó

A dr. Charlotte Hagenával való első találkozásom után a vonaton Bécs felé a jegyzeteimet bújtam. Olvastam, elemeztem a tanítványaimat és az ismerőseimet. A fülkében egy idős osztrák házaspár társaságában utaztam.

Annyira belemerültem az olvasásba, hogy a kalauz megveregette a vállamat. Észre sem vettem, hogy bejött a fülkébe.

„Mit olvas olyan lelkesen, kedves?" – kérdezte ekkor az idős hölgy.

Beszédbe elegyedtünk. A házaspár kíváncsian hallgatott, amikor Hagena doktornőről és a szemináriumról meséltem. A hölgy elmondta, hogy egy ötgyermekes zsidó család legkisebb gyermekeként élte meg a második világháború kitörését Bécsben. Édesanyjuk, ha erre szükség volt, mindig ugyanahhoz a nagyszerű gyermekorvoshoz vitte őt és testvéreit.

Ennek az orvosnak az volt a mottója, hogy „Vannak spenót-gyerekek, és vannak répa-gyerekek…"

Ezt a gyermekorvost Auschwitzban kivégezték.

Amikor az idős házaspár Bécsben leszállt a vonatról, sokáig mosolyogva integettek nekem. Egyedül maradtam a fülkében, és semmihez sem fogható érzés kerített hatalmába. Mintha akkor, ott két gyermekorvos lelke találkozott volna egymással.

# Felhasznált irodalom

- Erich Wilk: Typenlehre – Dr. Francis Ising kiadó – 1949
- Irina Norris – Ch. Hagena: Are we alt the Same? – Alpha PrintPty Ltd. – 1983
- Charlotte Hagena: Welche kräfte bestimmen unser Leben? – 1990
- Hagena/Hagena: Konstitution und Bipolarität – Haug kiadó 1993*
- Nádor Magda: Az erő a nyugalomban rejlik – magánkiadás – 2000
- Christian Hagena: Grundlagen der Terlusollogie – Haug kiadó – 2000
- Christian Hagena: Terlusollogie – Trias kiadó – 2003**
- Nádor Magda: Nem egyformán lélegzünk! (doktori dolgozat) – 2004

**Köszönöm tanítványaimnak és barátaimnak a könyv megírására ösztönzést, Gábornak az okos és megalapozott észrevételeit, Zsófinak a kemény, de szeretettel megfogalmazott kritikáit, és Mónikának azt, hogy segített az egész kéziratot leírni.**

**Köszönettel tartozom a német THIEME csoporthoz tartozó HAUG- és TRIAS kiadóknak. A megjelölt könyvekben szereplő táplálkozási (\*) és Nap- és Holdenergia-táblázatok (\*\*) az ő szívélyes engedélyükkel, magyarra fordítva, aktualizálva és kiegészítve kerülhettek a könyvbe.**

**Köszönet Christian Hagena doktor úrnak is, aki támogatott és segítséget nyújtott a könyv írásakor. (terlusollogie@t-online.de)**

Helyesbítés:

Az általam énekesek számára írt „Az erő a nyugalomban rejlik" című könyvben a 17. oldalon komoly hiba található! Az oldal közepén az olvasható, hogy a Lunar szereti a hideg italokat. Ez elírás! Lehet, hogy szeretné, de egészen biztos, hogy nem tesz jót neki!

# Értékelje
### ezt a könyvet
## honlapunkon!

# A kiadó

*Aki feladja,*
*hogy jobbá váljon,*
*feladta,*
*hogy jobb legyen!*

E mottó alapján a novum publishing kiadó célja az
új kéziratok felkutatása, megjelentetése, és szerzőik
hosszútávú segítése. Az 1997-ben alapított, többszörö-
sen kitüntetett kiadó az egyik legjelentősebb, újdon-
sült szerzőkre specializálódott kiadónak számít többek
között Ausztriában, Németországban és Svájcban.

**Valamennyi új kézirat rövid időn belül egy ingye-**
**nes, kötelezettségek nélküli kiadói véleményezé-**
**sen esik át.**

További információkat a kiadóról és
a könyvekről az alábbi oldalon talál:

www.novumpublishing.hu